실격의 페다고지

감염병 시대, 실패에 대한 다른 상상

실격의 페다고지
감염병 시대, 실패에 대한 다른 상상

지은이	임옥희, 김미연, 김은하
발행	고갑희
편집 · 제작	사미숙, 고윤경
펴낸곳	여이연
주소	서울시 마포구 월드컵로 8길 72-5, 4층
전화	(02) 763-2825
팩스	(02) 764-2825
등록	1998년 4월 24일(제22-1307호)
홈페이지	http://www.gofeminist.org
전자우편	gynotopia@gofeminist.org

초판 1쇄 인쇄 2022년 10월 20일
초판 1쇄 발행 2022년 10월 25일
값 16,000원　ISBN 978-89-91729-44-5 03330

이 책은 한국출판문화산업진흥원의 '2022년 인문 교육 콘텐츠 개발 지원 사업'을 통해 발간된 도서입니다.

임옥희, 김미연, 김은하

도서출판 여이연

차례

서론

'낡은 것은 가고 새 것은 아직 오지 않았다. 이런 공백상태에서는 다양한 병리적 증상이 출현한다'고 이탈리아 공산주의자 안토니오 그람시는 예측했다. 빈곤, 장애, 고문 후유증 등에 평생 시달리면서도 그람시는 죽음에 이르는 순간까지 방대한 옥중수고를 남겼다. 그는 폭식증에 걸린 자본주의와의 투쟁에서 공산주의적 비전이 승리하여 헤게모니를 장악하길 희망했다. 그람시가 바라마지 않았던 미래의 약속은 소비에트 연방의 허무한 소멸과 함께 사라졌다. 공산주의라는 견제세력이 사라지자, 자본주의는 지구 행성 구석구석까지 이윤을 채굴하는 흡혈귀로 진화하면서, 자본주의 자체가 팬데믹이 되었다. 그리스어 어원상 팬데믹은 '모든 인구에게 해당한다'는 뜻이다.

글로벌 자본주의에 편승하기 위해 한국사회는 속도경쟁에서 도태된 사람들의 무덤을 밟고 앞으로 내달렸다. 그 결과 한국은 한강의 기적을 이루면서 소위 선진국 대열에 가세하게 되었다. 프랑코 비포 베라르디Franco 'Bifo' Berardi는 ≪죽음의 스펙터클≫에서 과거의 상처와 역사를 망각하고 놀라운 속도로 디지털화된 서울에서 사막의 풍경을 본다. 한국사회의 급속한 발전과 변화는 엄청난 대가를 치렀다. 베라르디는 그런 대가의 하나로 한국사회에서 죽음의 경제인 자살을 꼽는다. OECD 국가 중 노인자살뿐만 아니라 청년자살률 1위인 나라, 한국에서 자살은 하나의 에피데믹이 되고 있다.

사회구조적으로 생산된 빈곤을 전적으로 개인의 탓으로 돌림으로써 한국사회에서 가난을 공통분모로 하여 계급적으로 연대하는 것은 거의 불가능해보인다. 빈곤이 개인의 병리적 현상으로 간주되는 사회에서 도태된 자들은 애도받지 못하고 망각된다. 역사적 알츠하이머로 인해 지상에서 버림받은 자들은 예외적인 비상사태일 때 한순간 떠올랐다가 순식간에 망각의 심연으로 가라앉는다. 빈부의 양극화는 바람이 불고 비가 오고 눈이 내리는 것처럼 자연적인 질서로 자리한다.

한국의 '빨리빨리' 문화는 세계가 인정하는 보통명사가 되었다. '빨리빨리'의 속도전에서 뒤쳐진다는 것은 사회적 낙오를 뜻한다. 각자도생의 시대에 낙오의 책임은 전적으로 개인의 몫으로 전가된다. 테크놀로지의 가속화를 만병통치로 내세우는 우파 가속주의자들이 득세하는 시대에, 아찔한 속도전에서 뒤쳐지지 않으려면, 자신의 능력을 최대치로 보여줄 수 있도록 언제나 각성상태가 되어야 한다. 이로써 25시간 잠들지 못하는 불면의 시대가 열리고 있다.

사람들은 자신의 생산성을 입증하려고 자신을 자본가/노동자/소비자로 분열시킨다. 한편으로는 '나쁜' 자본가로서 자신의 과잉착취자임과 동시에 착취당하는 '착한' 노동자가 되고, 다른 한편으로는 자기 안에서 착취당하는 생산자임과 동시에 군림하는 소비자가 된다. 한병철이 말하는 '피로사회'에서 기업가적인 주체는 자신의 생산성을 극대화하려고 물질적 인프라인 자기 몸을 '자발적으로' 갈아 넣는다. 능력주의 신화를 바탕으로 한 성과주의 사회, 비장애주의ableism 사회에서, 낙오, 실패, 배제는 이제 사회구조적인 불평등에서 비롯된 문제라기보다 오로지 개인의 무능 탓이 된다.

한국사회의 속도전은 살아남기 위한 대가다. 그것은 압축적 근대화를 통해 앞선 국가들을 추월해야 한다는 절박한 국가적 필요성 때문이기도 했다. 그 과정에서 빨리빨리는 한국인들의 문화적 밈이 되었다. 앞만 보고 달리는 목표지향적인 삶만이 성공이라고 사회전체가 몰아부친다면, 뒤돌아보면서 뒤쳐진 자들과 함께 하거나, 경쟁에서 도태된 자들을 애도하거나, 자발적으로 '낙후된' 삶을 선택하거나 혹은 느린 호흡으로 꾸물꾸물, 꾸불꾸불, 한 걸음 한 걸음 힘들게 옮기는 자들은 거추장스러운 존재가 된다. 빨리빨리의 경기장에서 갈짓자로 횡보하거나 소진되는 자들은 가차없이 배제된다. 방송드라마 부문 권위를 자랑하는 미국 에미상 6개 부문을 수상함으로써 K-드라마의 자부심이 '뿜뿜'하도록 해준, 넷플릭스 드라마 〈오징어 게임〉이 보여주듯, 한국사회가 전진하기 위해서라면 뒤처진 자들의 시신쯤은 망각하고 무시해야 한다. 그 정도는 한국사회에서 생존하기 위해 지불해야 하는 기회비용으로 처리된다.

그람시처럼 물어본다면, 자본주의의 낡은 찌꺼기는 여전히 사라지지 않았고 새로운 것의 씨앗은 도래하지 못한 혼돈과 병리의 시대에, 어떤 헤게모니 담론이 지구행성에 서식하는 존재들의 공생적 안무에 긍정적으로 참여할 수 있을까? 남은 자들, 애도받지 못하는 자들, 취약한 자들, 다시 말해 자본주의의 잔인한 미소가 만들어낸 실격자의 우울한 삶을 긍정할 수 있는 여유와 유머의 담론은 어디에서 찾을 수 있을까? 극도의 능력주의를 얄팍한 공정으로 포장하는 사회에서 능력강화의 오징어게임의 매단계마다 실격처리되지 않을까 라는 불안으로 잠을 설치면서 불확실한 삶을 살아야 하는 자들에게 괜찮아, 괜찮을 거야 라는 응원과 위로의 담론은 어디서 찾을 수 있을까? 사적인 치유담론이 지배하는 시대에 실격의 페다고지는 과거의 실패를 성찰하는 미래의 약속으로부터 도래할 수도 있을 것이다.

≪표준국어대사전≫에 의하면 실격이란 1)격식에 맞지 아니함 2)기준 미달이나 기준 초과, 규칙 위반 따위로 자격을 잃음을 뜻한다. 실격자란 '일정한 기준에 미달하거나 규칙 따위를 위반하여 자격을 잃은 사람'이다. 여기서 왜 실격의 페다고지인가 라는 물음에 답하기 위해 실격의 재해석과 재배치가 필요하다. 부언하자면 실격자란 한 사회가 정해놓은 '정상성', 생산성, 표준속도, 능력치의 기준이나 규칙에서 벗어난 것으로 간주되는 자들이다. 속도전에서 실격처리된 자들은 사회적 비난에 덧붙여 최선을 다하지 않았다는 자책감으로 인한 자기비난에 이르기까지 이중삼중으로 시달린다. 하지만 이 책의 필자들에게 실격은 성공의 실패이거나 규범성에서 일탈한 것이 아니라, 획일적이고 표준적인 하나의 삶에서 벗어난 다른 삶, 다른 몸, 다른 시간성을 뜻한다.

필자 중 한 명인 김미연이 지적하듯 그것이 진보적 시간관에 대한 대안으로서 제시하는 '불구의 시간성'이다. 그것은 장애와 질병을 둘러싼 일련의 담론에 담겨있는 생산, 건강, 젊음에 대한 강박에 주목함으로써 어떤 사람이든 서로 다른 '속도'로 살고 있음을 주장하는 것이다. 이른바 비장애인들의 '규범적 시간성'이 아닌 각각의 개인들이 경험과 환경에 따라 고유한 시간성을 가진다는 점을 인정하는 것이다.

획일적 속도전에서 탈락, 낙오, 배제될지 모른다는 공포와 불안은 물질적 인프라로서 자신의 몸에 축적된다. 불확실한 미래는 불안과 불편dis-ease, 아픔과 곤궁으로 다가온다. 그들은 건강함을 입증하기 위해 불건강하고 아픈 삶을 살아내야 한다. '행복하라'가 정언명령이 된 사회에서 조울증, 우울감, 만성피로, 탈진, 불안과 초조로 인해 깊이 잠들지 못하고 뒤척이는 자들은 또 다른 필자인 김은하가 말하듯 행복하기 힘들다. 능력주의 사회가 유혹하는 행복에의 약속은 끝없이 지연될 수도 있다.

한국사회에서 인간의 기본가는 남성인간이성중심주의에 바탕한다고 해도 지나치지 않을 것이다. 이성애 남성성, 합리성, 정상성, 생산성, 면역성에 토대한 근대적 프레임에서 그것에 미흡한 존재들은 인간의 범주에서 실격자로 처리된다. 그런 표준에 미흡한 자들은 비가시화됨으로써 공적인 장에서 자기 목소리조차 갖기 힘들다. 그들은 사회에 부담을 주는 짐으로 간주된다. 시대적 상황과 사회적 필요에 따라 건강한 비장애 능력있는 남성 이성애자에 속하지 못하는 여성, 아이, 이주민, 장애인에게 경멸, 혐오, 시샘, 증오의 짐을 부려놓음으로써, 정상성은 유지된다. 그로 인해 반사회적 감정이 투사된 타자들이 끊임없이 만들어진다. 코로나 시대가 보여주듯, 건강한 면역주체가 되지 못한 확진자들 또한 오염된 타자로 생산된다.

하지만 코로나 시절 감염병의 역설은 영구지속적으로 원활하게 돌아갈 것만 같던 사회가 바이러스 하나 때문에 삐걱거리면서 멈출 수도 있음을 보여주었다는 것이다. 그로 인해 코로나 비상사태는 인간의 취약성과 각자도생의 불가능성을 극명하게 드러내었다. 감염병은 인간중심주의의 나르시시즘을 한순간에 무너뜨렸다. 코로나 팬데믹 시대 근대적인 인간남성이성중심주의에 따라 기획된 정상/비정상, 순결/오염, 숙주/기생, 비장애/장애 등과 같은 이분법적 경계는 허물어지고 있다. 인간은 자신의 취약성으로 인해 상호의존적이며 타자와의 관계 속에서 감염되고 변이되는 혼종적 존재다. 근대가 주장한 '완전한 인간'은 없다. 인간은 서로가 서로에게 의존적이다. 인간에게 뿐만 아니라 주변의 모든 것들에 의존하여 살아가지 않을 수 없다. 따라서 인간의 완전성, 불멸성, 자율성에 바탕한 오만한 나르시시즘이 아니라 취약성, 상실, 필멸성, 불완전성을 기본가로 하는 혁명적 페미니즘적인 '다른' 상상력이 더욱 요구되고 있다.

취약성, 불구의 시간성, '난잡한' 돌봄을 긍정하는 것으로 패러다임을 전환할 때 지금과 같은 경쟁, 혐오, 경멸, 수치심을 자극하는 환경에서부터 공존, 공감, 공생으로 나갈 수 있다. 그런 이유로 필자들은 실격의 페다고지를 페미니즘의 기본가로 삼고자 한다.

이 책은 '나는 아프다, 고로 존재한다'면서 고통받는 삶을 애도하는 젊은이들의 서사에 주목하고자 한다. 아픈 몸으로 말하기는 성취, 생산성, 지속적인 자기계발, 억지 쾌활함을 가치화하는 신자유주의 이데올로기와 가부장제의 고전적 성 역할이나 성적 규범을 거부하는, 포스트/페미니즘의 상상력과 결합하게 된다. 그것은 위기에 맞서는 여성의 생존 전략이자 페미니즘의 정치로 자리할 수 있다. 그럴 때 상호 돌봄과 공생의 존재론이 가능해진다. 한국사회가 여성차별적인 사회라는 점을 사회과학적인 통계와 이론적인 언어로 아무리 설명해도 자신의 프레임에 갇혀있는 혐오세력들을 설득하기는 쉽지 않다. 그런 혐오와 차별을 설득할 수 있는 방법이 이야기의 힘이다. 본 필자들은 실격의 존재들에 주목하는 혁신적인 이야기들을 통해 실격/불구/장애의 시간성을 전파하고자 한다. 그것은 일직선으로 전개되는 진보의 시간성이 아니라 다른 인지세계이자 다른 인지체계로서 차이와 다름을 포용하는 시간성이다. 그곳에서는 아픈 몸으로 실패를 이야기하고 취약성으로 연대하는 목소리가 생성되고 가시화될 수 있다.

이 책은 취약성, 상호의존, 불구의 시간성, 난잡한 돌봄을 키워드로 대안적 '실격의 페다고지'를 상상하는 작업으로서 기획되었다. 필자들은 오랫동안 이론실천 강의와 세미나를 병행하면서 새로운 페다고지의 필요성에 공명해왔다. 인간의 취약성에 공감하는 공존과 '다른' 돌봄의 페다고지, 즉 '실격'의 페다고지에 관한 담론이 이 책을 읽는 독자들에게도 공명되어 가닿기를 바란다.

1장

코로나 시절, 정상성과 '실격'에 대한 다른 상상

임옥희

JTBC 방송사에서 방영한 〈인간실격〉(2021)이란 드라마가 있다. 이 드라마에서 여주인공 부정(전도연 분)은 아버지에게 자신의 두려움을 말한다. 지금까지 아무것도 되지 못했고, 앞으로도 아무것도 되지 못할 것 같다는 두려움을 토로한다. 수단과 방법을 가리지 않고 각자도생하는 시대에 생존에 허덕이는 빈곤한 자들은 실격처리 된다. 그들은 각자도생의 격전지에서 탈주한 패잔병이 되어버린다. 살아가면서 아무것도 되지 못한 자들, 못하게 될 자들은 실패한 삶이고 실격자로 간주된다.

의심하고 의심하고 또 의심해야 살아남을 수 있는 시대에, 생존이 관건인 시대에, 타인과 공감하고 공존하려는 자들은 남들 배려하다가 자신이 루저가 될 수 있고, 남들보다 뒤쳐질 수 있다는 불안과 두려움을 가질 수 있다. 코로나와 더불어 살아가야 하므로, 타자와 공간적인 거리유지에 신경이 쓰이게 된다. 사회적 거리유지가 일상생활의 일부가 되었으므로, 친밀하고 친절함이 아니라 배제와 둔감함이 바이러스처럼 전이되고 있다. 그러다보니 타자의 고통에 연민하고 상처입을 수 있는 가능성에 참여하는 자들은 취약한 존재로 간주된다. 둔감한 것이 정상적인 것이며, 공감하는 것이 비정상적이라는 희한한 등식이 성립된다. 타인의 고통에 대한 앎과 공감이 아니라, 타인의 고통에 대한 무지가 권력이자 힘이 되고 있다.

이런 시대에 정상성, 생산성, 성공, 젊음, 건강, 면역성을 소유하지 못한 자들은 실격자들로 간주되기 십상이다. 공존과 공감과 돌봄이 아니라 혐오와 배제가 지배적인 문법이 되어버린 시대에, 페미니스트 페다고지는 무엇이 되어야 하는지를 다시 한 번 성찰하면서 우리가 살고 있는 세대를 다르게 상상할 수 있는 가능성을 SF적인 상상력에서 찾고자 한다.

서사화되고 구성된 허구의 세계가 우연성에 지배받는 현실보다 이해하기가 더 쉬울 수도 있고, 현실보다 더 많은 설득력을 가질 수도 있다. 그것이 아무짝에도 쓸데없는 이야기들이 가져다주는 서사적 경제일 수도 있기 때문이다.

1. 근대적 주체와 인간이성중심주의

2019년 초부터 시작된 코로나 팬데믹은 2022년 후반으로 접어든 지금 일종의 에피데믹으로 진화된 것처럼 보인다. 그렇다고 코로나 바이러스가 완전 종식되어 좋았던 그 시절로 돌아갈 수 있다는 말은 아니다. 그런 상황은 두 번 다시 오지 않을 것이다. 한국에서 마스크 착용은 새로운 일상의 기본가가 될 것처럼 보인다. 북한의 핵무기, 생화학 테러 대신 코로나 바이러스가 글로벌 공포로 대체되고 있다.

코로나로 고립되었던 자가격리의 시간은 역설적이게도 다른 상상을 가능하게 해주었다. 코로나 비상사태는 상실과 애도를 넘어서 다른 이야기의 가능성 또한 열어준 사건이었다. 코로나 바이러스뿐만 아니라 온갖 변종 바이러스가 기후변동만큼이나 인류의 생존을 어떤 형태로 얼마나 위협할 것인지는 예측불허다. 인류의 탄생 이전부터 존재했던 바이러스들은 인류에게 때로는 협조하면서 공생하고 때로는 무임승차로 기생하면서 위협이 되기도 했다. 인류는 과거에도 그들과 더불어 살아왔고 미래에도 그들과 더불어 살아갈 것이라는 사실만큼은 분명해보였다. 아이러니하게도 코로나 비상사태는 인간이 그토록 영원불멸을 염원한 이유가 인간의 지극한 취약성에서 비롯된 것임을 다시 한 번 깨닫도록 해주었다.

개별 주체는 자기에 앞서 이미 언제나 공적인 너와 접속하고 있다. 지구행성에서 인간만이 유일한 행위주체라는 오만은 '하찮은' 바이러스 탓에 깨어졌다. 지상의 모든 존재들은 각기 자기나름의 행위자성을 가지고 있다. 그렇기 때문에 내 몸은 예외적인 비상사태에서뿐만 아니라 일상 속에서 이미 언제나 공적 담론이자 이야기다.

취약성의 도치된 형태가 나르시시즘이다. 유아는 인식론적 한계로 인해 생후 6개월이 되기까지 자신과 타자를 분리하여 구분하지 못한다. 게다가 절대적으로 무기력한 유아는 엄마의 전능성을 자신의 전능성으로 전도시킨다. 그런 유아적인 사이키의 형태가 다름아닌 전능성에 바탕한 나르시시즘이다. 자신의 취약성을 전능성으로 전도시켜야만 한없이 무기력하고 초라한 자신의 위상을 망각할 수 있기 때문이다. 그렇게 구성된 허구를 사실로 대체함으로써, 인류는 만물의 영장으로 군림할 수 있게 되었다. 인간만이 지구행성의 주인이자, 자자손손 지배종으로 번성하리라는 인간중심적인 나르시시즘은 플라시보 효과를 발휘해왔다. 적어도 '하찮은' 코로나 바이러스가 오만한 인간의 나르시시즘에 충격 한 방을 가하기 전까지는 말이다.

백신을 맞는 순간 인간은 이미 혼종 사이보그가 된다. 사이보그 학자 크리스 헤이블스 그레이Chris Hables Gray는 백신을 맞은 사람이라면 누구나 사이보그라고 말한다. 우리 몸은 이미 질병에 반응하도록 프로그래밍되었고 기술로 변형된 바이러스를 통해서 변신한다. 백신이라는 말 자체가 소를 가리키는 라틴어 바카vacca에서 유래한다. 비유적으로 백신 접종을 한 사람들은 소와 합체된 사이보그 몬스터인 셈이다.

백신으로 질병에 프로그래밍된 우리의 몸은 다른 많은 생명체와 함께 살아가는 터전이다. 우리 속을 들여다볼 때 발견하는 것은 넘쳐나는 타자들이다. 우리의 몸이 무엇으로 간주되든, 우리는 서로의 환경이다. 우리의 몸은 공적 공간이자 공유지라는 점에서 공동체의 정치경제에 의해 배치된다.

이처럼 코로나 팬데믹은 서구 근대적 인간의 이상인 동질성, 자율성, 독자성, 자족성이 얼마나 허황한 것인지를 절박하게 보여주고 있다. 확진자들의 자발적인 자가격리가 아니라면 누구도 감염으로부터 안전할 수 없다. 우리 모두 촘촘한 사회적 그물망에 의존하고 있으며, 타인의 배려가 없다면 나의 안전이 불가능하다는 점에서, '너'의 배려가 '나'의 안전에 핵심이 된다는 점에서, 인간은 상호의존적이다.

테크놀로지의 발전에 따라 인간의 글로벌 이동속도 또한 빨라졌다. 바이러스가 감염병으로 발현되는 주기 또한 점점 가속화된다. 바이러스의 숙주로서 인간/동물의 경계가 없어지고 있다. 인간과 동물이 바이러스를 공유한다. 인간은 기계화되고 기계가 인간화됨으로써 인간/동물/기계가 서로의 경계를 허물고 있다. 인공지능이 인간지능을 능가하고, 조류독감(AI)과 AI가 인간의 범주를 교란한다. 인간의 경계가 모호해진 포스트휴먼 시대다.

코로나 사태로 인해 교육방식이 전면적으로 전환되고 있다. 디지털 비대면 수업은 이제 익숙한 일상이 되었다. 교수자의 기능이 단순한 전문지식의 전달이라고 한다면, 그것만으로는 AI와 경쟁대상이 될 수 없다. 대학교수뿐만 아니라 아나운서, 회계사, 법률가, 의사 할 것 없이 한 번 전문가로서 자격증을 소지하면 평생의 밥벌이 수단이 되었던, 그런 시대는 이제 지나갔다. 대학교육 자격증으로 직장에서 활용할 수 있는 기간은 이제 채 5년도 되지 못한다고들 한다. 비정규직이 일상화되는 시대에 평생직장 개념은 사라졌다. 대학을 졸업하지 못한 부모세대보다 대졸자들의 수입이 적어지는 시대를 맞이하고 있다. 드라마 〈인간실격〉의 등장인물들이 스스로 애도하듯, 젊은이들에게는 부모세대 정도의 삶의 수준은 고사하고 대학을 졸업하고도 '아무것도 되지 못할 것'이라는 불안이 만연해 있다. 그렇다면 근대 이후 종교를 대신하여 과학적 '진리'와 전문지식을 생산해온 대학 담론은 어떻게 변신해야 하는가? 선생의 역할은 어떻게 변할 것인가?

팬데믹이 아니었더라면 무수한 저항에 부딪혔을 변화가 누구도 불평 한 번 못한 채 일사분란하게 진행되었다. 변화에 민감하지 못한 혹은 민감할 필요성을 느끼지 못하는 학교사회가 채 1년이 못 돼 디지털 교육과 디지털 기반 사회로의 전환을 '자발적으로' 감행했다. 교사들은 IT에 기반한 디지털 플랫폼 지식노동자로 기능한다. 거의 모든 교과과정이 일시에 동영상의 형식을 취하게 되었다. 교사의 능력은 디지털 매체에 얼마나 익숙하고 능숙한가에 달린 것처럼 보인다. 새로운 매체에 익숙하지 않은 아날로그 세대의 퇴출은 당연한 것으로 받아들여진다. 세대 간의 회계에서 구세대가 새로운 미디어에 익숙한 신세대에게 자리를 넘겨주는 것은 당연한 세대교체의 수순이다. 하지만 아무런 준비없이 '거대한 맷돌'에 갈려져 나가는 세대가 강제적으로 발생한다는 것이 문제다. 디지털 문법의 낙오자들은 생존 자체가 힘들어진다.

이처럼 코로나19는 예외적인 비상사태가 아니라 새로운 패러다임으로 대전환[1]의 계기를 마련해주고 있다. 마스크 없이 침을 튀

1 슬라보예 지젝, ≪팬데믹 패닉≫, 강우성 옮김, 북하우스, 2020, 1장 참조.

기며 몇 만명의 인파가 모여서 축제를 하거나 술집, 찻집, 노래방, 거리에서 무리지었던 적이 언제였던가 까마득하게 여겨진다. 인파로 넘쳐나던 메갈로폴리스의 인파가 사라지자 거리는 황량하기 짝이 없다. 자본주의 미소와 소비가 사라진 미래 세계의 모습을 우리는 코로나로 인해 상상이 아니라 현실로 마주하게 되었다. 평상시 마스크와 후드티를 입고 있는 사람이 있다면 공포스럽게 다가올 수도 있었겠지만 지금은 마스크로 인해 탈코르셋이 자연스럽게 가능해지는 역설적인 상황과 마주하게 되었다. 탈코르셋을 선언하면서 거리로 몰려나와 구태여 시위하지 않아도 여성들은 꾸밈노동에서 해방되고 있다. 코로나 시대가 지나가도 여성들이 과거로 되돌아갈 것처럼 보이지 않는다. 한 번 맛본 해방과 자유를 되돌려놓는 것은 쉽지 않기 때문이다.

천연두, 흑사병과 같은 감염병으로 중세 유럽인구의 1/3이 죽었다. 1차 대전 사망자는 1914-1918년 4년 동안 1천만-1천 5백만 명이었다. 하지만 1차 대전과 겹쳤던 기간 동안 발생했던 스페인 독감(1918-1919)으로 사망한 숫자는 5천만 명에서 1억 명이라고 한다. 전쟁과 총칼로 죽인 숫자보다 바이러스가 죽인 사람의 숫자가 4배는 많은 셈이다. 스페인 독감은 1919년 3.1 만세 운동이 있었던 식민지 강점기 조선에도 전이되어 10만 명의 사망자를 냈다고 기록

되어 있다. 코로나로 미국은 2020년 1년 동안 20만여 명의 사망자를 냈다. 베트남 전쟁 10년 동안 미군전사자가 5만 명이었다는 점을 비교해본다면 엄청난 숫자다. 감염병이 중세의 질서를 바꾼 것처럼, 코로나가 포스트/근대 질서를 급격하게 변화시키고 있다는 점은 부정하기 힘들다.

감염병의 아이러니는 인간이 감히 바꿀 엄두조차 내지 못한 것을 바꿈으로써 거대한 전환이 일어나도록 자극한다는 점이다. 그로 인해 인간중심주의의 나르시시즘은 조롱의 대상이 된다. 인간만이 이성의 소유자이며, 이성의 소유자라는 이유만으로 만물의 영장이라는 인간이성중심주의가 보여준 나르시시즘을 '하찮은' 바이러스들이 조롱한다. 낯선 바이러스 앞에서도 속수무책인 인간이 세계의 중심이라는 근대적인 세계관은 여지없이 무너지게 되었다. 이런 상황에서 인간이 독립성, 자율성, 자족성에 바탕한 존재라는 근대적 믿음은 허구적임을 인정하지 않을 수 없다.

2. 무지의 권력: 모르는 것이 힘이다

베이컨은 '아는 것이 힘이다'라고 주장했다. 베이컨의 경구는 근대의 선언과 다르지 않았다. 근대계몽주의적인 관점에서 아는 것은 힘이고 힘은 권력을 의미했다. 그런데 모르는 것이 힘이라니? ≪벽장의 인식론≫[2]에서 세지윅은 모르는 것이 오히려 권력으로 작동할 수 있는 특권적 위치가 있다는 점을 주장한 바 있다. 그것은 마치 바이러스 감염 앞에서도 무릎을 꿇어야 하는 인간의 취약성에 무지해야 인간만이 지구행성의 주인이라는 착각이 가능해지는 것과 흡사하다. 백인남성은 자신을 백인으로 특별히 인식하지도 남성으로 인식하지도 않는다. 자신이 백인이고 남성임을 인식하지 못한다고 하여 어떤 불편함도 경험하지 않는다. 반면 아시아 여성 혹은 흑인 여성은 자신이 인종적으로 아시아인이고 성별로는 여성이라는 점을 인식하지 않을 수 없다. 백인남성이 자신의 정체성에 무지한 반면 유색인 여성은 자신의 인종적, 젠더 정체성에 예민하다. 세계가 백인남성을 보편인간으로 하여 설계되어 있으므로, 자신의 정체성에 무지하고 몰라도 불편하지 않을 수 있는 것이 백인남성의 특권인 셈이다.

계급, 인종, 젠더, 섹슈얼리티의 범주에서뿐만 아니라 촘촘한 차별의 위계질서 속에서 무지가 권력이 되는 지점들이 있다. 비청각장애인 '나'는 길거리의 노란 점선, 학교의 계단과 복도, 엘리베이터에 박혀 있는 점자를 의식하지 못해도 사는 데 아무런 지장이

2 Eve Kosofsky Sedgewick, *Epistemology of the Closet*, University of California Press, 1990.

없다. 나는 수어手語를 모른다고 부끄러워하지 않는다. 점자를 모르고, 수어를 모르고도 잘 살 수 있다. 영어를 모르면 무식하다고 무시당하고 때로는 불이익(토익 몇 점이 기준이 되는 취업, 교육, 시험에서)을 당할 수 있다. 하지만 수어를 모른다고, 점자를 못 읽는다고 무시당하지 않는다. 그로 인해 손해본 적도 없다. 나에게는 몰라도 아무런 불편을 주지 않지만, 그것을 모르면 생존의 문제가 걸린 사람들이 있다. 몰라도 불편하거나 불이익을 당하지 않을 수 있는 위치, 그것이 무지의 힘이자 무지가 주는 특권이다. 이때의 무지는 권력과 다르지 않다.

강화길의 〈음복〉[3]이라는 단편이 있다. 음복이란 제사를 지내고 음식을 나눠먹는 것을 뜻한다. 이 단편에서 화자인 '나'의 남편 정우는 구김살 없고 온화하고 '해사한' 사람이다. 제사에는 일가친척이 모여든다. 제사 모임은 오랜만에 만나 화기애애한 가족 모임이 되기보다 해묵은 갈등의 집합소가 되기도 한다. 제사를 주관하는 제주로서 남편 정우는 자기 뒤에서 벌어지고 있는 집안일을 30년이 지난 지금까지도 전혀 모른다. 결혼한 지 6개월이자 아직 새댁인 '나'는 제삿날 하루 참석하고 그 집 여자들이 벌이는 신경전을 한눈에 파악한다. 왜냐고? 여자이고 그런 신경전에서 살아남아야

3 강화길, 〈음복〉, ≪젊은작가상 수상작품집≫, 문학동네, 2020, 7-52쪽 참조.

하기 때문이다. 하지만 남편 정우는 아내인 나, 자기 엄마, 고모, 고모의 딸 정원과 집안의 여자들 사이에 무슨 일이 있었는지 모른다. 그는 무지하다. 고로 정우는 밝고 순수하다.

그래서 여자들이 불편한 자리에서 '그'만이 편안하다. 여자들은 남편 정우의 무지에서 비롯된 평온하고 화사한 얼굴을 유지하도록 공모한다. 시어머니는 '남자는 내 속을 모른다, 그러니 여자인 네가 내 속을 모르면 누가 알겠니'라고 말한다. 남자는 여자 속을 모른다. 몰라도 되고, 모를수록 그들에게는 이익이다. 이 모든 스토리의 중심에 선 악역은 사랑받고 평온한 얼굴을 한 남편이다. 그는 무지의 특권을 무/의식적으로 누린다.

'여자가 왜 시집 제사를 지내야 하는 거죠?'라고 질문하면, '조상을 섬기는 것이 우리의 미풍양속과 유구한 전통이니까'라는 답이 대충 돌아온다. '왜 남편 조상만 섬겨야 하는 거죠? 그런 미풍양속은 누가 만든 겁니까? 그로 인해 누가 이익을 누리는 거죠?'라고 질문한다면 '감히 여자가 조상 제사를 두고 누구의 이익을 논하다니. 이런 집안 망칠 요물이 있나'라는 호통이 오랫동안 그 질문에 돌아오는 답변이었다. 여자들은 입을 다문다. 그래서 제사를 주관하는 제주들은 모른다. 제사상을 차리면서 여자들이 이런 의문을 품는다는 사실조차. 그것이 무지의 권리다. 혹은 무지할 수 있는 권리다.

비장애인은 장애에 관해 잘 모른다. 나는 걷기를 좋아한다. 내가 더 이상 걷지 못하게 된다면, 내 삶은 끝난다고 여겼다. '걷기의 인문학'처럼 걷기 철학을 말하지 않더라도 걷는 인간은 너무 당연하고 자연스럽다. 인간이라면 직립보행이 기본가이므로, 못 걷는 사람은 사람 축에 끼지 못한다. 네발로 기는 아이들이나 지팡이 짚는 노인, 휠체어 장애인은 사람 축에 못 들어감을 '무심코' 전제하고 있다. 영화 〈스틸 앨리스〉(2015)에서 앨리스는 희귀한 유전성 알츠하이머를 앓는다. 지적이고 열심히 연구하는 언어학자이자 교수인 그녀가 50세의 나이에 기억을 잃어간다. 기억하지도 의식하지도 못한다면, 그런 사람을 인간이라고 할 수 있는가? 그녀는 인간으로서 어떤 존엄도 유지할 수 없는 상태에서 자살을 시도한다. 상태가 양호했을 때 찍어둔 동영상은 자신이 알츠하이머라는 것을 알고 자신에게 남긴 일종의 유언이었다. 인간으로서 마지막 품위를 상실하기 전에 자살하라는 명령이었다. 하지만 기억의 끈을 놓친 앨리스는 자살에 성공하지 못한다. 인간으로서 자유의지에 따라 이성적으로 판단하고 결단할 수 있는 아무런 지식도, 기억도, 장치도 없는 상태라고 한다면, 뇌가 아이처럼 맑아서 백지가 된다면, 그런 상태에서도 앨리스는 '여전히 앨리스'라고 할 수 있을까?

그런 사례는 부지기수다. 그만큼 장애는 비가시화되었다. 장애인들의 목소리는 '과소대표'되고 거의 들리지 않는다. 장애인들의 시위로 출근길이 막혀서 내가 불편해지지 않는 한, 그들의 목소리는 들리지 않는다. 나는 그들의 고통에 무지하다. 나는 몰랐으므로 나의 사회적 무책임에 면죄부를 발급해줄 수 있다. 그것이 무지의 힘이다.

우리는 한 자리에서 50분 정도는 꼼짝 않고 당연히 앉아 있을 수 있다고 믿는다. 학생으로 보낸 훈육기간을 통해 50분 앉아 있는 것은 학생들의 기본값임을 알고 있다. 하지만 방광과잉수축으로 10분마다 화장실을 드나들어야 하는 사람이 있다. 그에게 50분은 고문이다. 우리는 '어떤 정상'의 기준을 만들어놓고 그것에 미흡한 사람들을 차별하고 배제하는 것을 당연시한다. 섬세한 구별짓기는 차별로 나아간다. 다름은 틀림이 된다. 감염의 시대에 확진자는 무책임하고 부주의한 사람으로 낙인찍힌다. '나는 생각한다, 고로 존재한다'만이 아니라 '나는 아프다, 고로 존재한다'는 사람들은 타인에게 불편을 주는 무책임한 사람들이 된다. 2020년 6월 29일 차별금지법안을 발의한 국회의원 장혜영은 발달장애인 동생 장혜정과 함께 청와대에 초대받았다. 그 자리에서 좋은 뜻으로 말한 문재인 대통령(이제 전 대통령)의 발언에 장혜영은 불편했다고 한다.[4] 따뜻한

4 NAVER TV 〈세상을 바꾸는 시간 15분〉 장혜영 편, https://tv.naver.com/v/4565642 참고

마음으로 고통받고 불행한 장애인들을 배려하자는 대통령의 말이 그녀에게는 왜 불편했을까?

그 발언은 장애인들은 당연히 고통스럽고 불행해야 함을 전제하고 있기 때문이다. 장애를 가지고 어떻게 행복할 수 있겠는가. 그들은 '나'의 연민의 대상이 되어야 한다. 적어도 장애가 없는 '나'는 그들보다 낫고 장애인이 될 확률이 없는 나는 안전하고 우월한 지점에서 그들을 가엾이 여기고 따뜻하게 대하고자 한다는 것이다. 나는 안전한 공간에서 불행의 포르노그래피를 즐기는 것이 장애에 대한 우월감으로 연민을 드러내는 것이다. 장혜영은 '장애는 불행이 아니라 불평등이다'라고 프레임을 바꾼다.

장애로 인해 경험하는 반복적인 불이익으로 만들어진 불평등을 해소하는 것은 따스한 연민이 아니라 분노다. 분노해야만 사회적 불평등을 그나마 줄여나갈 수 있다. 연민하는 마음은, 타인이 경험하는 불평등을 그들'만'의 불행으로 여기기 때문이다. 발달장애인이든 누구든 최소한의 인간적 존엄을 유지하도록 해주는 것이 불평등을 제거하는 것이다. 그들이 장애로 인해 경험하게 되는 불이익을 제도적으로 고쳐나가는 것, 그래서 그들도 나의 위치에 설 수 있는 것, 장혜영의 말대로 발달장애를 가진 그녀의 동생이 장관도 되고 대통령도 될 수 있다는 것을 상상할 수 있을 때, 그 사회는 살

만한 가치가 있는 사회가 되는 것이다.

모른다는 것에는 적극적으로 알고 싶지 않은 무지에의 열정으로서 무의식이 작동하고 있다. 그런 의미에서 무지에의 열정은 일종의 페티시 구조이다. 페티시는 '안다, 하지만'을 동시적으로 작동시키는 것이다. 자기 성찰로 인해 자신의 현재 기득권의 위치를 내려놓아야 할 때, 모르고 싶은 욕망에 굴복하는 것이 덜 불편하고 더 이익이 될 수도 있다. 우리의 인식구조 자체가 나를 주체의 입장에 세우고 타자를 대상으로 놓고 보는 구조이므로 그런 대상에서 제외된 나를 성찰적으로 보기가 힘들다. 그래서 타인의 흠결은 그대로 눈에 들어오지만, 나의 흠결은 타인의 눈을 통해 반성적으로 성찰하지 않는 한 힘들다. 내 아이에게는 부모 찬스를 통해 모든 것을 해주고 경쟁에서 유리한 지점에 설 수 있도록 해주는 것이야말로 부모의 의무이자 책임이 된다. 그로 인해 학력이 불평등을 해소하는 것이 아니라 유지하는 장치가 될 수 있도록 한다는 점을 '나'는 보지 않으려고 한다. 그런 상황을 안다는 것은 실천한다는 의미와 다르지 않다. 그런 실천으로 나가는 것이 불편하고 불리하다면 '알아, 하지만'이라는 논리로 자신에게는 이것은 관행이고 다들 그렇게 살잖아 하면서 면죄부를 주게 된다. 제사에 모여든 여자들은 다 알아도 남자는 모르거나 몰라도 되는 상황, 그래서 모르는 것이 힘이 된다. 그렇다면 얼마나 알아야 앎으로 나가면서 실천하게 될까, 그것이 관건이다.

3. 정상성/취약성을 다시 생각하기

근대적 주체는 '나는 가진다, 고로 존재한다'는 자본주의에 합당한 인간/남성 주체였다. 그것에 바탕한 근대적 교육은 결핍을 인간 실격으로 간주해왔다. 근대적 주체는 이성, 건강, 가족, 집, 재산, 시민권을 소유하는 주체이기 때문이다. 그런 논리에 따르면 이성이 결여된 여자, 빈곤한 자들, 경쟁에서 도태된 실패자들, 동물, 아이들, 가족이 결여된 퀴어들, 결혼할 수 없는 자들, 건강이 결여된poor health 아픈 사람들, 늙어서 병든 자들, 재산없는 빈민들, 집이 결여된 길 위의 노숙자들, 무주택자들, 시민권이 결여된 난민들, 사지육신 멀쩡하지 않은 장애인들, 이주민들, 이들은 인간의 범주에서 이미 언제나 배제되었다. 이들 결핍된 자들은 실격된 자들이고 비인간, 비존재가 된다. 이런 조건들 중에서 어느 것에도 해당되지 않는 완전무결한 사람이 과연 있을까 싶을 정도다. 살다가 집이 없어질 수도 있고 정신줄을 놓칠 수도 있고 건강을 상실할 수도 있고 이민을 갈 수도 있다. 그럼에도 이들은 감염원처럼 피해야 할 존재이며 혐오와 배제와 차별의 대상이 된다. 이렇게 파악해본다면 조건없이 만인은 평등하다는 근대적 사회계약은 잔인한 허구일 따름이다.

이처럼 근대자본주의의 소유주체가 만들어낸 이상적인 정상성을 기본가로 함으로써 불평등은 강화된다. 최근의 장애학에 따르면 손상이 장애를 만드는 것이 아니라 손상과 상호작용하는 사회구조가 장애를 발명하는 것이다. 인류학자들의 이론을 빌리자면 장애는 시대, 문화, 지역, 공동체에 따라서 다양하게 만들어진다. 그러므로 우리가 알고 있는 그런 장애라는 것은 없다.[5] 미국 남부의 마서즈 비니어드섬은 유전적인 고립 탓에 타 지역보다 청각장애 발생률이 월등히 높았다. 청각장애인들이 다수인 사회에서 주민들 누구도 청각장애를 장애라고 여기지 않았다. 그들은 장애인이 아니라 단지 듣지 못하는 사람들이고 그들의 공용어가 수화였기 때문이다.[6] 비장애인들과는 달리 장애인들은 동정의 대상이고, 사회적 의존의 대상으로 간주하는 것은 불평등을 오히려 강화하는 방식이다. 앞서 말했듯, 장혜영이 장애인들이 비장애인과 동등한 인간으로서 존중받는 사회가 되려면 장애를 불행이 아니라 불평등으로 접근해

5 베네딕트 잉스타 · 수잔 레이놀즈 휘테 엮음, ≪우리가 아는 장애는 없다: 장애에 대한 문화인류학적 접근≫, 김도현 옮김, 그린비, 2011.

6 노라 엘런 그롯, ≪마서즈 비니어드 섬 사람들은 수화로 말한다≫, 박승희 옮김, 한길사, 2003, 37쪽.

야 한다고 주장한 것도 그런 이유에서다.

불평등이나 사회정의를 언급하면서도 이제 계급은 없다고 주장하는 지식인도 있다. 계급 불평등이 없다는 알리바이를 제시하려는 자는 계급적인 차별에 노출되지 않아서 그것에 무지할 정도로 특권적 위상을 누리고 있음의 반증일 수 있다. 한병철은 마치 계급 착취로 인한 불평등은 사라진 것처럼 간주한다. 21세기 사회는 주체 스스로가 자기착취를 하느라 번아웃된 '피로사회'라고 그는 주장했다.[7] 현대인은 성과와 성취를 위해 자발적으로 자기착취를 하므로 자신이 착취의 주인이자 동시에 착취의 대상이 된다. 알튀세가 대문자 주체(신, 국가, 아버지)에 복종한다는 의미에서 개인을 기존질서에 복종하는 주체subject라고 보았다면, 한병철은 개인을 성취에 맹목적인 성과 주체로 간주한다. 개인은 대타자에게 복종하는 신민subject이라기보다 자기경영의 기업가적 주체로서 미래지향적인 '프로젝트project'가 된다. 프로젝트는 말 그대로 앞으로 나가는 행위자다.

한병철의 말대로 현대인들은 성취에 중독되어 피로한가? 그의 책에서 외부적 요인이 자기착취를 하지 않으면 안 될 상황이라는 점은 무시되어버린다. 계급착취는 더 이상 없는 것처럼 비가시

7 한병철, ≪피로사회≫, 김태환 옮김, 문학과지성사, 2012, 65–80쪽.

화된다. 노동이 부를 창출하는 것이 아니라 창의성, 아이디어가 부를 창출한다는 말을 액면가로 받아들인다고 할지라도, 그런 것들이 개인의 영혼까지 탈탈 털어서 나오는 것이라면, 그것을 자발적 자기착취라고 할 수 있을까? 영혼이 창조적 노동을 발명하는 것이 아니라 창조적 노동이 영혼을 발명한다면, 영혼의 영혼이야말로 창조적인 노동인 셈이다. 영혼의 마지막 한 방울까지 짜낼 때 창의성, 아이디어가 나온다고 한다면 그런 노동을 자율적인 자기착취라고 할 수 있을지 의문이다.

창의적인 노동뿐만이 아니라 의료서비스노동, 가사노동, 돌봄노동, 감정노동, 요양보호노동, 플랫폼노동, 배달노동 등은 저렴한 불안정노동이다. 이런 일들은 성취지향적인 자기착취로 인해 피로한 노동이라 말하기 힘들다. 코로나19 이후 택배노동자들은 노동과부하로 목숨까지 잃는다. 이들은 자아성취를 위해 자기착취를 하는 사람들이 아니다. 아이러니하게도 코로나19는 이런 노동이 생존에 필수적임에도, 저평가, 저임금에 묶여 있다는 점을 여실히 보여주었다. 코로나바이러스로 강화된 사회적 거리 시행 중에도 한국사회에서는 미국처럼 총기는 말할 것도 없고 비상식량이나 휴지 사재기는 발생하지 않았다. 한국인들에게는 무엇이든, 언제든 주문만 하면 문 앞까지 배달 가능하다는 믿음이 있기 때문이다. 코로나바이러스 덕분에 ‘아파도 일한다’가 아니라 ‘아프면 쉰다’는 사회적 합의에 이른 것처럼 보인다. 타인에게 피해를 주지 않기 위해서라도 아프면 쉬면서 자기격리에 돌입하도록 방역당국은 권한다. 사회적 거리 유지가 사회적 연대가 될 수 있음을 가르쳐준 것이 코로나 바이러스다. 문제는 아파도 일하지 않으면 생계가 막막한 사람들이다. 타인의 생존과 재택근무가 가능할 수 있도록 해주는 그러한 노동에 종사하는 사람들은 생계냐 목숨이냐 사이에서 선택하도록 내몰리고 있다.

≪자본주의는 어떻게 재난을 먹고 괴물이 되는가≫의 저자인 나오미 클라인은 한 인터뷰에서 코로나가 재난 자본주의의 전형이라고 말한다. 재난을 부를 챙길 수 있는 멋진 기회로 여기는 ‘재난 자본주의’[8]란 대규모 재난(경제공황, 자연재해, 감염병 등)이 발생했을 때 조직적으로 불평등을 더욱 심화시키는 정치적 전략으로 인해 사기업들이 폭리를 챙기는 것을 뜻한다. 영화 〈컨테이전〉(2011)은 이런 상황을 예측한 것처럼 보인다. 백신 개발을 위한 연구자들의 헌신은 기업의 이윤추구로 순식간에 흡수되어버린다. 일상적인 자본주의가 멈추고 도시가 봉쇄되자, 수많은 기업(항공, 여행, 호텔, 백화점, 화장품점 등)이 도산했지만 불과 한 줌의 IT 기업들과

8 나오미 클라인, ≪자본주의는 어떻게 재난을 먹고 괴물이 되는가≫, 김소희 옮김, 모비딕북스, 2021, 14-15쪽.

다국적 제약산업은 세계의 부를 긁어갔다.

재난 앞에서 사람들의 불안과 공포는 온갖 가짜뉴스와 괴담을 전파시킨다. 정보쓰나미 상태에서 진짜뉴스와 가짜뉴스는 구별조차 힘들다. 그럴듯해 보이는 서사가 사실fact이 되어버리는 포스트-트루스post-truth 시대, 괴담은 감염병만큼이나 사람들을 감염시킨다. 재난으로 인간의 취약성이 여지없이 드러나는 순간, 사람들에게는 비난할 대상이 필요해진다. 재난 상황에서 가장 손쉬운 해결책은 나를 보호하기 위해 누군가를 혐오하는 것이다.

그런 혐오의 한 형태가 바로 반드시 감춰진 의도가 있을 것이라는 믿음이다. 지진, 쓰나미, 화산 폭발, 흑사병, 콜레라, 독감, 에이즈가 오면 이것은 분명 신의 분노, 자연의 복수라고 믿는다. 그런 신의 의도를 읽어내고 그것에 합당한 희생양을 찾아내려고 사회는 혈안이 된다. 그것은 혐오의 한 형태다. 혹은 코로나 사태는 지구상의 다른 동물들을 도륙하고 무자비하게 착취해온 인류에게 내린 신의 처벌로 간주된다. 현상 이면의 본질적인 작동원인을 찾으려는 이런 믿음이야말로 미신의 한 형태다. 정의로운 신이 그런 처벌에 관여하고 있다는 점에서 신의 공정한 분노라는 사실에 사람들은 위안을 얻을지도 모른다. 하지만 그런 믿음은 적어도 인간만큼은 지상에 존재할만한 대단한 의미와 가치가 있다고 주장하는 인간중심주의와 다르지 않다. 인간은 지상에 존재하는 무수한 존재들 중 하나일 뿐 특별한 의미를 지닌 특권적인 존재가 아니다. 생명 가진 모든 존재들은 죽음으로 찌꺼기를 남기면서 쓰레기로 돌아가고 그런 쓰레기 더미에서 생명의 새싹들이 나온다. 자신의 존재이유를 끊임없이 추구하는 인간들로서는 실망스럽겠지만, 인간만이 예외적인 의미를 가지고 태어나야 할 하등의 이유가 없다.

다른 종들을 착취하는 인간 종의 탐욕은 지구행성에게는 골칫거리다. 코로나바이러스는 인간을 중심으로 선악의 윤리판단을 할 수 있는 것이 아니다. 바이러스는 인간을 해치는 나쁜 적도 인간에게 도움을 주는 좋은 친구도 아니다. 바이러스 자체는 화학물질(단백질의 핵산)로 구성되어 있어서 생명이 없는 것으로 간주되지만, 종종 자기복제 현상을 보여준다는 점에서는 생명으로 간주된다. 자체 대사능력이 없으면서도 어떻게 이처럼 신기한 형태로 진화했는지 현대과학은 아직까지 제대로 알지 못한다. 바이러스는 다른 생명체가 없으면 스스로 대사활동을 할 수 없으므로 다른 생명체에 의존하지 않을 수 없고 그로 인해 바이러스에 감염된 생물집단은 자연선택과 변형을 경험한다.

비유적으로 말하자면, 인간 주체 또한 한 인간에게서 다른 인간에게로 생명을 전달하고 이야기를 전파하는 전달자carrier로서 바이러스적인 주체viral subject다. 캐리어에는 보균자뿐만 아니라 운반자라는 의미가 있다. 그것은 여행하면서 이야기를 운반하는 가방이기도 하다. 인간은 타자에게 이야기를 전해주고 전달받아서 지속해가는 종의 하나다. 지상의 모든 사물들은 '존재의 안무'에 함께 참여한다. 그런 참여 속에서 다양한 이야기가 만들어진다. 바이러스 주체로서 인간 또한 수많은 존재들과 함께 세상짓기에 참여하고 살면서 죽어간다. 죽음은 삶의 한 부분이다.

감염병이 돌면 인류가 유지해온 인간중심주의의 나르시시즘은 여지없이 무너진다. 인간은 세계의 중심이기는커녕 자기조차 통제할 수 없는 취약한 존재다. 인간은 자율적인 존재가 아니라 '자연문화'의 일부일 뿐이다. 인간은 불멸의 존재도 아니고 지구를 독점할 수 있는 특권적인 지위도 아니다. 하지만 여타의 종과 마찬가지로 언제든 소멸하고 사라질 수 있는 취약한 종에 불과하다는 사실은 자의식을 가진 인간에게는 공포스럽다. 그런 공포는 이성적인 판단이라는 정신적 능력에서 기인하는 것이라기보다는 삶의 불확실성에 대한 두려움에서 기인한다.

4. '실격'에 대한 다른 상상하기

≪SF는 어떻게 여자들의 놀이터가 되었나≫에서 조애나 러스Joanna Russ가 주장하듯, SF는 우화형식으로서 페미니즘의 페다고지에 유용한 장르다. SF는 새로운 상상에 자유롭기 때문이다. SF 서사는 미학적 형식보다 스토리텔링이 위주이고 개연성을 그다지 기대하지 않는다. SF는 새뮤엘 콜리지가 말하는 '불신의 자발적 유예', 즉 현실적으로는 그럴듯하지 않더라도, 장르의 문법상 의심을 중지하고 낯선 이야기들을 받아들일 수 있도록 해주는 특성이 있기 때문이다.[9] 그것이 실격에 대한 새로운 상상으로서 SF에 주목하는 이유이기도 하다. 말하자면 SF는 엄격한 사실적 지표에 따르지 않더라도 그 점을 눈감아줌으로써 상당한 문학적 자유를 누릴 수 있다. 그런 SF적인 다른 시공간의 관점에서 본다면, 현재의 정상성/비장애/이성애/건강한 면역주체와 같은 것들이 낯설고 기괴한 것이 될 수 있다. 그런 전복적인 상상력을 통해 가부장적 현실에 개입하는 데 있어, SF는 페미니즘의 페다고지로서 경제적이고 설득력이 있는 장르가 될 수 있다.

SF에서는 다양한 장애서사를 찾아볼 수 있다. 그런 장애서사

9 조애나 러스, ≪SF는 어떻게 여자들의 놀이터가 되었나≫, 나현영 옮김, 포도밭, 2020, 59쪽.

는 정상성/비정상성과 같은 이분법을 효과적으로 허물어내는 이야기 경제에 의존함으로써, 장애/비장애의 경계를 전복하고 반전시키고 있다. 김보영의 짧은 단편 〈우수한 유전자〉[10]는 특이하게도 정상/비정상, 장애/비장애의 경계가 뫼비우스 띠처럼 꼬인 반전을 통해 새로운 인식이 가능하도록 해준다. 아리스토텔레스의 ≪시학≫에 의하면 플롯은 필연성과 개연성을 따라야 한다. 이럴 때 플롯상의 반전은 앞서 전개된 상황과는 정반대로 변하는 것이고 이런 정반대의 상황이 우연에 따라서 무작위적으로 일어나는 것이 아니라 개연성, 혹은 필연성에 따라서 일어나야 한다. 그럴 때 반전을 통해 독자는 무지에서 앎의 상태로 나아가게 된다. 그것이 반전이 주는 즐거움이자 인지에 대한 기쁨이다.

소설적 장치로서 SF는 고전적인 아리스토텔레스식 반전, 즉 필연적인 플롯에 반드시 의존하고 있는 것은 아니다. 개연성에 얽매이지 않는 우연하고 자유스러운 반전은 익숙하고 자연스러웠던 것들을 아무렇지도 않게 뒤집어놓을 수 있다. 사실성에 구속되지 않는다는 점에서 부르주아들의 장르인 사실주의가 주장하는 개연성의 협소한 한계에서 벗어날 수 있는 것이 SF 상상력이 가진 매력이자 매혹이기도 하다.

10 김보영, 〈우수한 유전자〉, ≪멀리 가는 이야기≫, 행복한책읽기, 2010.

김보영의 단편 〈우수한 유전자〉는 반전 플롯을 통해 익숙한 기존 질서를 전복시키는 인지의 즐거움을 보여준다. 이 단편은 시작과 끝을 편지형식으로 마무리함으로써 편지라는 액자 안에 담긴 이야기로 구성되어 있다. 도입부의 편지내용은 독자들에게 스카이돔 거주민인 지훈과 동일시하도록 '의도적으로' 배치되어 있다. 지훈이 살고 있는 스카이돔은 우수한 유전자를 인공적으로 물려받은 사람들이 사는 곳이다. 우수한 유전자 덕분에 그곳의 인구 1만 명은 지배계급이 되고 특권층이 되어 있다. 반면 나머지 일반인 6천만명이 살고 있는 키바는 교통수단이라고는 아직도 소달구지를 이용하고 있을 만큼 낙후되어 있다. 스카이돔과 키바 주민들은 극도로 양극화되어 있어서 거의 다른 '아종亞種으로 분화해 버린'[11] 것처럼 보인다.

스카이돔 출신인 지훈은 무지몽매로 인한 키바의 빈곤한 환경을 안타까워하면서 그들을 계몽하고자 한다. 그는 유전자 판독을 도입하라고 키바 촌장에게 강력히 권장한다. 사회복지사로서 그는 우수한 유전자를 도입함으로써 키바의 불결하고 낙후된 환경을 개선하고 가난과 착취에서 벗어날 수 있도록 그들을 돕고자 한다. 지

11 위의 책, 184쪽. 김보영의 소설에 나타난 장애에 관한 연구로 허윤, 〈'일할 수 없는 몸'을 전유하는 페미니스트 SF의 상상력—김보영 소설을 중심으로〉, ≪여성문학연구≫ 52호, 한국여성문학학회, 2021, 10–35쪽 참조.

훈은 지배계급인 스카이돔에게 세금을 낮추고 환경을 개선하고 질병에 대비한 접종과 위생시설 등을 마련해달라고 요청하도록 촌장에게 조언한다. 하지만 키바 촌장은 세금은 충분히 낼 수 있고 키바 사회에서 필요한 것이 없으며 충분히 행복하게 산다고 말한다. 촌장은 그렇기 때문에 유전자 판독법을 도입해야 할 이유를 모르겠다고 답한다. 지훈은 기가 막힌다. 지훈의 눈에 키바 사람들은 자신들이 노예상태임을 알지도 못하는 노예들이고 그런 무지의 상태에서 벗어나려는 아무런 의욕조차 없는 사람들로 보인다. 그들을 계몽하려다가 지친 지훈은 "계몽은 위를 올려다 볼 수 있는 최소한의 눈이라도 갖고 있는 사람들에게나 가능한 것"이라고 좌절한다. 그리고 촌장이 발진과 고열에 시달리는 아이를 치료하기 위해 향을 피우고 매캐한 연기 속에서 간절히 기도하는 원시 무속적인 장면을 보면서 그들의 무지에 억제할 수 없는 분노를 터뜨린다. 지훈은 촌장을 밀치고 아이를 구하려고 했지만 아이는 이미 숨을 거둔 뒤였다. 이것이 편지 안에 담긴 사건의 전말이다.

스카이돔인인 지훈의 관점과 동일시하면서 이야기를 읽다보면 독자는 키바인들의 무지몽매와 노예근성에 치를 떨게 된다. 노예로 착취당하면서도 착취당한다는 사실조차 알지 못한 채 행복하게 살고 있으니 말이다. 우리는 착취당하는 것이 아니라 기꺼이 내어 준 것이라는 촌장의 말은 진심이라기보다 무기력한 체념과 자기 변명으로 비쳐진다. 21세기에도 이미 해결된 질병과 장애를 원시적인 민간요법과 무속으로 치료하고자 하는 무지를 스카이돔의 엘리트 출신인 지훈(그리고 독자)으로서는 견딜 수 없다. 질병에 시달리고 취약한 삶을 살면서도 '행복하다'는 그들을 어떻게 이해할 수 있단 말인가.

하지만 마지막 편지에 이르면 이 편지를 보낸 사람은 지훈이 아니라 키바인이라는 것이 드러난다. 여태껏 지훈의 시선과 동일시하면서 그의 시선으로 키바인들을 보았던 독자는 뒤통수를 얻어맞게 되면서 다른 시선으로 그들의 세계를 다시 보게 된다.

이제 완벽한 환경조건과 유전적인 조건에 맞춰 살아온 스카이돔 사람들은 그곳으로부터 벗어나면 생존이 불가능한 존재가 된다. 그들이야말로 키바인들이 만들어놓은 스카이돔이라는 감옥에 갇힌 존재들이다. 과도한 인공적 진화로 스카이돔이라는 갈라파고스에서 살고 있는 그들은 물질적인 탐욕으로 무엇이든 너무 많이 먹는다. 텔레파시로 대화하는 법을 몰라서 원시적인 목소리 발성을 통해 대화를 해야 한다. 영적인 치유법을 몰라서 스테로이드제, 항생제에 의존한다. 텔레포트로 이동하는 키바인들과는 달리 멀리 이동하려면 자동차, 우주로 나가려면 우주선에 의존해야만 하는 존재로 전락한 상태다. 영적인 치유법에 무지한 지훈이 야만적인 행위로 아이의 치유를 방해함으로써 결과적으로 아이를 죽음에 이르게 한 것으로 드러나게 된다.

키바 촌장의 손녀인 나영은 농인이다. 목소리가 필요없는 환경에서 농인이라는 것은 장애가 될 수 없다. 그런 나영의 눈에 지훈이야말로 텔레파시로 발화하는 법을 배워야 하는 농인과 다르지 않다. 우월한 유전자/열등한 유전자, 비장애/장애, 엘리트 남성/농아인 여성, 미개인/문명인 등의 경계는 플롯의 반전으로 전복된다. 장애라는 것 자체가 맥락에 따라 사회적으로 구성되는 것으로 드러나게 된다. 키바에서 장애는 장애가 아니라 다름일 뿐이다. 장애는 결핍, 부재, 손상, 수치가 아니라 상황과 맥락에 따라 다르게 적응하기 위한 진화의 한 형태이자 차이로 다가온다. 인트로의 편지에서 선배가 말하듯, 평등은 아무리 기이한 것일지라도 다름을 다름으로 인정하는 것에서 가능해진다.

이성, 생산성, 젊음, 노동, 정상성을 중심으로 해왔던 패러다임의 전환이 절박하다. 합리적이고 생산적이고 건강한 정상적 이성애를 중심으로 하는 노동주체는 근대적 남성이성중심 세계관의 기본가였다. 그런 근대적 패러다임에 바탕한 보편적 주체는 노동하지 못하는 몸, 비합리적이고 장애가 있는 자들을 실격자로 처리해

왔다. 정상성/생산성/비장애성/이성애는 그것과 비교되는 다름을 차별하고 혐오하고 배제하는 사회적 관행과 편견을 자연스러운 것처럼 만들어왔다. 남성이 아닌 여성, 이성애가 아닌 동성애, 양성을 교란하는 트랜스젠더라는 식으로 강제된 이분법을 통해 정상성을 정의함으로써 후자를 위계화하고 차별하는 반사회적인 사회화를 자연스런 질서로 가장해왔다.

고전적인 오염과 불순물이 혼합되지 않은 자기동질성, 자율성은 타자를 나의 자아와 합체함으로써 자기확장을 도모하는 폭력적인 나르시시즘적 기획이다. 타자와의 상호관계 속에서 형성되는 주체가 순수한 면역주체가 될 수는 없다. 타자의 존재로 인해 나-너는 서로에게 '상처입을 가능성'[12]과 동시에 상호의존성에 바탕하게 된다. 상처입을 수 있는 취약성으로 인해 우리는 상호의존하게 되고 공존을 도모하게 된다. 그런 취약성으로 '나'의 존재구성은 자율적으로 형성되기보다 실패를 거듭하면서 상처입고 상처의 틈새에서 새로운 가능성이 열리는 존재로 만들어진다는 점에서 인간존재는 실패, 실격, 상처, 애도, 그리고 기쁨과 애착에 열리는 존재가 된다.

12 노대원, 〈한국 포스트휴먼 SF의 인간 향상과 취약성〉, ≪한국문학이론과 비평≫, 제24권 1호, 통권 86호, 한국문학이론과 비평학회, 2020, 151-174쪽.

SF를 통한 다른 상상력의 관점에서 본다면, 현재의 자연스럽고 당연한 것들, 완벽하고 우월한 것들이라고 믿었던 것들이 오히려 열등한 것으로 드러나고 장애와 비장애가 자리바꿈을 하기도 한다. 우수한 유전자의 선별적인 대물림으로 인간으로서의 취약성을 제거함으로써 완벽한 인간의 이상에 도달하려는 스카이돔 사람들은 오히려 환경에 과잉 적응함으로써 그 환경 이외의 상황에서는 살 수 없는 가장 취약한 존재가 되어버린다. SF적인 상상력의 관점에서 보자면 장애는 열등하고 불행한 것이라기보다 다른 것이자 다른 움벨트 속에서 진화하게 될 것이다.

참고문헌

- 강화길, 〈음복〉, ≪젊은 작가상 수상 작품집≫, 문학동네, 2020.
- 김보영, 〈우월한 유전자〉, ≪멀리 가는 이야기≫, 행복한책읽기, 2010.
- 나오미 클라인, ≪자본주의는 어떻게 재난을 먹고 괴물이 되는가≫, 김소희 옮김, 모비딕북스, 2021.
- 노대원, 〈한국 포스트휴먼 SF의 인간 향상과 취약성〉, ≪한국문학이론과 비평≫, 제24권 1호, 통권 86호, 한국문학이론과 비평학회, 2020.
- 노라 엘런 그롯, ≪마서즈 비니어드 섬 사람들은 수화로 말한다≫, 박승희 옮김, 한길사, 2003.
- 베네딕트 잉스타, 수잔 레이놀즈 휘테 엮음, ≪우리가 아는 장애는 없다: 장애에 대한 문화인류학적 접근≫, 김도현 옮김, 그린비, 2011.
- 슬라보예 지젝, ≪팬데믹 패닉≫, 강우성 옮김, 북하우스, 2020.
- 제레미 다이아몬드 ≪총, 균, 쇠≫, 김진준 옮김, 문학사상사, 2005.
- 조애나 러스 ≪SF는 어떻게 여자들의 놀이터가 되었나≫, 나현영 옮김, 포도밭출판사, 2020.
- 한병철, ≪피로사회≫, 김태환 옮김, 문학과지성, 2012.
- 허윤, 〈'일할 수 없는 몸'을 전유하는 페미니스트 SF의 상상력—김보영 소설을 중심으로〉, ≪여성문학연구≫ 52호, 한국여성문학학회, 2021.
- Elizabeth Wilson, *Gut Feminism*, Duke University Press, 2015.
- Eve Kosofsky Sedgewick, *Epistemology of the Closet*, University of California Press, 1990.
- Heather Love, *Feeling Backward: Loss and the Politics of Queer History*, Harvard University Press, 2009.

2장

불구의 시간성:
비장애중심주의 폭력에 대응하기

김미연

서문에서 언급했듯이, 이 책의 필자들은 능력과 성공 혹은 자격 미달의 반대 항으로서 '실격'의 의미가 아니라 강요된 억압적 규범에 포섭되지 않는, '다름'과 '차이' 그리고 '고유성'의 주장에 의미를 부여하고자 '실격의 페다고지'를 제안하게 되었다. 그와 같은 작업의 일환으로서 이 장에서는 장애 (몸이 영위하는) 시간 혹은 시간성을 '불구의 시간성'으로 의제화하여 그 의미를 탐색하고자 하며, 다음 장에서는 이른바 '불구 감정'이라고 이름 붙일 수 있는 정서가, 소수자 정치로서의 정체성 정치가 지닌 한계를 드러내게 되는 과정을 살펴보고자 한다.

우선, '불구의 시간성'이란 무엇인가를 논하기 전에 왜 장애가 아닌 '불구'인가를 질문해 볼 수 있다. 로버트 맥루어Robert McRuer, 알리슨 케이퍼Alison Kafer와 같은 퀴어 장애 연구자들은 최근 장애의 자긍심을 표현하는 용어로서 '장애disability'보다는 '불구crip'를 선호하는 경향이 있다. 그 이유는 '퀴어queer'라는 용어가 게이, 레즈비언, 양성애, 논바이너리 등 다양한 성적 지향의 정체성 용어를 포괄하고 거기에 수치가 아닌 자긍심으로 무장하여 '이성애 규범'을 넘어서는 수행성을 담보하려는 의도에서 사용될 수 있듯이, '경멸적인' 의도를 담아 호명하는 것으로 사용되던 '불구'라는 용어 역시 오히려 적극적 전유를 통해, 장애라는 기존의 일반적 표현으로는 담을 수 없는 '자긍심'의 정치적 수행을 가능하게 하기 때문이다. 이를테면, 맥루어의 경우 '장애'라는 보편적 어휘로는 "비-규범적non-normative이고 비-재현적인non-representative 장애"의 의미를 모두 담을 수 없다 주장하고,[1] 케이퍼 또한 "불구를 주장하는 것이 다양한 미래를 상상하는 방법이 (…) 될 수" 있다며 '불구'라는 표현의 사용을 강력히 주장하고 있다.[2]

맥루어와 케이퍼의 주장이 시사하는 바와 같이, '불구'의 '비-재현적'이고 '비-규범적인' 특성은 또한 '퀴어'와의 교차 가능성을

1 Robert McRuer, *Crip Times: Disability, Globalization, and Resistance*, New York UP, 2018, Proquest Ebook Central, p.19. 맥루어는 여기서 장애라는 기표로 적절히 이해되지 않는 체현이나 손상, 경계성 인격장애, 불안, 만성통증, HIV, 트랜스 등 많은 것을 포함하고 있다. 맥루어에 따르면, "불구는 비장애와 장애의 이분법을 초과하는 정신과 몸의 다양한 형식들을 포괄할 수 있다." 그리고 '정체성으로 묶거나'(identitarian)/'정체성으로 묶이는 것을 반대하는'(anti-identitarian) 경향, 다시 말하자면, '집합적'(collective)/'연합적'(coalitional) 두 가지 전략으로 불구의 정치적 가능성을 언급한다(McRuer 20).

2 Alison Kafer, *Feminist, Queer, Crip*, Indiana UP, 2013, p.13.

함축한다. 장애가 비장애중심의 이른바 '건강한'(?) 사회에서 '잘못된' 혹은 '이상한' 몸으로 취급될 때 경험하는 감정으로서 '퀴어함queerness'은 장애와 퀴어의 교차성을 매우 잘 보여준다. 예를 들어, 2018년 국내 장애 여성 단체 '장애여성공감'에서 펴낸 ≪어쩌면 이상한 몸≫의 저자들은 장애 몸에 대한 사회의 반응을 적극적으로 전유하여 장애를 가진 몸을 "이상한queer" 몸이라고 '선언'하며 다음과 같이 주장한다. "장애여성들은 정상성의 기준을 해체하고 사회의 규범에 도전하는 **퀴어한** 사람들이며 각기 다른 몸을 가지고 고유의 방식으로 자신의 삶을 만들어나가고 있다."[3] 장애 몸에 대한 '퀴어함'의 반응을 적극적으로 수용하는 이와 같은 선언은 장애와 퀴어의 교차적인 특성뿐만 아니라 이성애, 비장애 중심의 '정상성'을 향한 지나친 강박을 폭로하는 효과를 낸다는 점에서 더욱 유의미하다.

본 장에서는 자긍심을 고취하는 방식으로 '불구'의 의미를 정치화하는 현상에 공감하는 것과 함께, 서구의 근대적 시간관인 발전론적 시간관에 의해 장애가 착취되는 방식을 탐구하고 그에 대한 대안으로서 '불구의 시간성'이 어떤 의미를 제시할 수 있는지 살펴보려 한다. 특히 장애 혹은 불구의 정체성과 그 정체성의 주

3 장애여성공감, ≪어쩌면 이상한 몸≫, 오월의봄, 2018., 20쪽. 강조는 인용자의 것.

요 사안인 '시간성'의 문제를 재현하는 SF 두 작품을 통해 '불구의 시간성'이 대안적인 가능성으로서 어떻게 재현되는지 탐색할 것이다.

1. 불구의 시간 그리고 불구의 시간성

'불구의 시간(성)crip times/temporality'이라는 용어의 탐색으로 의도하는 바는 크게 두 가지다. 첫째, '불구의 시간'으로서 장애가 당면한 시간 혹은 시대의 엄혹함에 대한 의식적 성찰의 중요성을 강조하는 일이다. 둘째, 몸을 관리하고 통제하는 이념으로서의 '규범적 시간관'에 대한 대항개념으로서 '불구의 시간성'을 제시하는 일이다.

무엇보다도 먼저, '불구의 시간'은 문자 그대로 장애가 살아가고 있는 '위기'의 시대를 뜻한다. 서구의 장애 연구자들이 제기하듯이 장애 혹은 장애 연구에서 당면한 가장 중요한 문제는, 경제적 '효율'과 '무간섭주의'를 표방하는 '신자유주의Neoliberalism' 자본주의 시대에 이른바 '프리케리아트Precariat'라고 불리는 사회적 소수자 혹은 경제적 소외계급이, 사회복지 비용 삭감이라는 전 지구적인 '긴축 재정

Austerity'의 상황을 어떻게 살아가고 있는가의 문제이다.[4]

예를 들면, 맥루어는 2018년 저서 ≪불구의 시대: 장애, 지구화, 그리고 저항*Crip Times: Disability, Globalization, and Resistance*≫에서 2000년대 영국과 스페인 등 세계 곳곳에서 발생한 시위와 집회 — 2010년대 스페인의 "로스 인디그나도스Los Indignados"를 포함 — 를 문맥화함과 동시에 세계적인 복지 재정 삭감 현상에 따른 위기의 중심에 "장애가 자리 잡고 있는데도 불구하고" 정작 이에 대한 "이론화가 거의 이루어지지 않고 있음"에 특별히 주목했다.[5] 맥루어는 이 책에서 데이비드 캐머런David Cameron 총리의 연합정부가 '국민 보건 서비스'(NPS) 재정을 40%까지 감축하고 의료민영화를 확대하는 등, 신자유주의 자본주의의 영향으로 대규모 사회복지 서비스의 삭감이 이루어지는 정치 경제적 상황과 그 이면에 감추어진 '장애 예외주의disability exceptionalism'를 비판한다. 표면적으로는 장애에 대한 사회복지 시스템이 잘 작동되는 것처럼 보이지만 실상은 그렇지 않다는 것이 맥루어가 지적하는 '장애 예외주의'의 핵심이다. 그것은 정치

4 2010년대 세계적으로 펼쳐지는 집회의 특성을 규정하는 주디스의 버틀러(Judith Butler)의 다음과 같은 주장을 참고할 수 있다. "때로 집회는 자본주의 자체, 혹은 신자유주의에 노골적으로 도전하고자 한다. 이때 자본주의 혹은 신자유주의는 신개발이라든지 변종 자유주의로 여겨지거나, 유럽의 경우 긴축정책의 모습으로 드러나며, 칠레나 세계 다른 지역에서는 고등 공교육의 잠재적 파괴를 유도하는 것으로서 비판받는다"(주디스 버틀러, ≪연대하는 신체들과 거리의 정치≫, 김응산 · 양효실 옮김, 창비, 2020, 19쪽). 버틀러가 지적하다시피, 경제불평등의 심화와 불안정성의 가속화에 기여하는 신자유주의의 대표적인 정책에 "긴축정책"이 포함된다.

5 McRuer, *op. cit.*, p.4. 맥루어는 이 책에서 2010년대 자신이 체류했던 스페인을 포함하여, 영국과 미국 그리고 남미 등 세계적인—신자유주의 자본주의에 대항하는—시위뿐만 아니라, 영국에서 시행되는 긴축재정 정책의 영향을 상세히 소개한다.

적 수사를 통해 국가 경제 위기에 대한 위협의 요인을 외부의 탓으로 돌리고, 정작 내부적으로 장애에 대한 위협을 한층 더 격화시키는 현상이다.

맥루어에 따르면, 공교롭게도 캐머런 정권 초반에 개봉된 영화 〈킹스 스피치King's Speech〉가 이와 같은 장애 예외주의를 잘 보여준다. 2010년 영국에서 극찬을 받은 영화 〈킹스 스피치〉는 대중 앞에서 '말을 더듬는' 조지 6세(콜린 퍼스 분)가 언어 치료사의 도움으로 대국민 연설을 해내는 장면이 극의 정점을 이룬다. 영화에 대한 긍정적인 반응은 다음 해 각종 영화제 수상으로 이어지고 전 세계적 인기로 이어지기도 했다. 2차 대전이라는 국가적 위기 상태에서 '말을 더듬는' 장애를 극복하고 마침내 대중 연설을 해내는 왕의 성공 서사는 흔한 '장애 극복 서사'의 구조를 따른다. 이 영화는 장애가 있는 왕이 국민의 고통에 더 공감할 수 있음을 보여줄 뿐 아니라, 그것이 위기의 영국민을 단결시키는 역할을 했음을 재현하고 있다. 영화의 배경이 되는 시기가 2차 대전이라는 국가적 위기 상태라면, 영화가 개봉되는 2010년 역시 유럽 전체가 경제적으로 불안정한 위기의 시기였음을 상기해 볼 수 있다. 문제는, 영화 밖 현실에서 2010년대 경제 위기에 캐머런 정부가 가장 먼저 복지 재정 삭감을 실행한다는 점이다. 장애 수당을 20%가량 대폭 삭감하고,

장애인 가족이 있는 30만 가정이 '절대적인 빈곤' 상태에 이르는 현실에 이르게 된다. 요컨대 영화는 1930년대 전쟁 시기에 장애를 이겨내고, 시련에 빠진 국민에 공감할 수 있는 왕을 그림으로써 '장애 예외주의'를 구현하며 2010년 동시대 국민을 위로하고 단결시키는 효과를 낼 수 있지만, 정작 장애 현실의 심각한 후퇴가 감춰진 채 위기 극복의 책임이 개인에게 온전히 남겨진다.[6]

맥루어가 주목한 2010년대 비슷한 시기 영국의 장애 활동가이자 예술가 리츠 크로우Liz Crow역시 이와 같은 당대 영국의 심각한 긴축재정 정책이 장애의 몸에 미치는 영향을 보여주고자 행동했다. 크로우는 영국 템즈 강변의 진흙으로 650개의 인간 조각상을 만드는 작업('피겨스Figures', 2015년)을 수행했다.[7] 하반신 마비인 크로우는 비장애 활동가들의 조력으로 강변으로 옮겨지고, 11일 동안 매일 3시간씩 간조에 맞춰 작은 인간 조각상들을 빚어낸 후 그 조각상들의 시선이 강 너머 정부 부처 건물들을 응시하도록 배치한다. 11일간 끈질기게 강가의 습기와 추위를 견디면서 수행하는 그녀의 작업은 복지 지출 삭감이 미치는 영향을 알리려는 침묵시위와도 같았다.[8]

6 *Ibid.*, pp.44–46 참고.

7 https://disabilityarts.online/magazine/opinion/liz-crow-on-figures/

8 인터뷰에서 크로우는 "변화를 위한 활동의 방식은 매우 다양하며 (…) 대치적인 활동일수록 훨씬 더 효율적일 수 있다"라고 밝힌다. 또한, 장애인과 비장애인이 팀을 이뤄야만 해낼 수 있는 이 작업을 통해 장애 예술이 보여줄 수 있는 장애/비장애의 "상호의존 개념"이 분명해진다.

맥루어와 크로우가 주목한 2010년대 영국의 상황은 지금의 국내 상황과 다르지 않다. 코로나 위기가 끝나지 않은 현재 2022년 봄 '전국장애인차별연대'(이하 '전장연')의 지하철 시위는, 내년도 예산안에 장애권리예산을 포함하도록 하는 요구에 대해 기획재정부가 '재원 한정에 따른 구체적 답변 불가'라는 방침을 세운 것에 대한 대응 시위였다. 전장연이 시위를 통해 주목하도록 하는 것은, 대규모 긴축재정의 정부 정책이 수립될 때 가장 먼저 삭감 대상이 되면서도 가장 비가시화되는 부분이 어디에 있는가 하는 점이다.[9] 다음의 인용문은, 장애해방운동 열사 8인의 이야기를 담은 ≪유언을 만난 세계≫의 〈기획의 말〉에서 정창조가 언급한 내용이다.

> 2019년 12월, 고용노동부가 설계한 생산성, 효율성 중심의 공공일자리에 고용되어 실적을 채우지 못해 부담스러워하던 장애인 노동자 설요한이 스스로 목숨을 끊었다. 2020년 5월, 김재순은 일이 너무 힘이 들어 그만뒀던 공장에 재취업해 노동을 하다가 파쇄기에 빨려 들어가 죽었다. 지적장애인이었던 그를 고용하려는 공장이 없어 마지못해 다시 들어간 그 현장엔 최소한의 안전장치조차 없었다. 2021년 7월, 기초생활수급자였던 뇌변병장애인 청년이 옥탑방에서 숨을 거두었고, 그의 시신은 일주일 후에야 발견되었다. 그는 수급비만으로는 생활을 할 수 없어

9 2001년 70대 장애인 부부가 지하철 리프트에서 추락해 숨진 사고 발생 후 20년이 지나도 여전히 장애인 이동 시설이 현저히 낙후되어 있다는 사실이 이를 알려주고 있다. 일례로, 저상버스의 도입이 2019년 기준으로 26.5%에 불과하다.

노동을 하고자 했지만, 장애인이라는 이유로 일자리를 구할 수 없었다[10].

위 인용문은 동시대 한국에서 장애 몸이 살아가는 '불구의 시간'을 압축적으로 보여준다. '생산성'과 '효율성', 심지어 (소수의 시위가 다수의 불편을 초래한다는 논리를 앞세운) '공정성' 논의에 밀려 장애 존재의 삶은 '불안정화precaritization' 된다.

다음으로, '불구의 시간(성)'으로서 필자가 주목하고 제안하고자 하는 바는, J. J. 핼버스탬J. J. Halberstam과 리 에델만Lee Edelman을 포함한 퀴어 연구가들이 제시한 '퀴어 시간성Queer Temporalities'의 통찰을 빌어, '비장애중심주의' 혹은 '능력차별주의ableism'의 특징이라 할 수 있는 '발전론적인' 시간관에 대한 대안으로서 '불구의 시간(성)'이다. 이 두 번째 의미는 장애가 당면한 시간, 즉 장애 몸을 위기화하는 사회 현실로서의 첫 번째 의미와는 달리, 이른바 '정상성'과 규범성의 문제를 지적하고 그에 대한 대안으로서 신체의 고유성과 다양성을 주장하는 시간성 개념으로 파악하는 것이다.

퀴어 이론의 경우, '탄생, 결혼, 재생산, 죽음'이라는 전형적인 생애 경로에 '부적합한' 것으로 여겨지는 퀴어 시간성, 예를 들면 결혼이나 재생산의 문제에서 규범적인 생애 경로를 따르지 않는

10 정창조 외, ≪유언을 만난 세계≫, 오월의봄, 2021, 18쪽.

퀴어 시간성이 어떤 식으로 '강요적 이성애 정상성'에 저항할 수 있는지를 탐색한다. 이와 마찬가지 관점에서, '불구의 시간성'은 장애와 질병을 둘러싼 일련의 담론에 있는 '수명longevity'과 '건강wellness'에 대한 강박을 폭로함으로써 서로 다른 '속도'로 살고 있음을 주장하고, 이른바 '규범적인 시간성'이 아닌 개인 각각이 경험과 환경에 따라 '고유의' 시간성을 가진다는 점을 인정하도록 하는 것이다.

예를 들면, 규범적인 시간성의 억압 양상을 밝히는 이론적 움직임으로서 제인 갤럽Jane Gallop의 '시간성' 논의를 참조할 만하다. 2019년에 출판된 ≪섹슈얼리티, 장애, 그리고 노화: 팔루스의 퀴어 시간성*Sexuality, Disability and Aging: Queer Temporalities of the Phallus*≫에서 갤럽은 '퀴어'와 '장애' 그리고 '퀴어'와 '노화'의 '교차성'을 주장함으로써 '비장애 이성애 중심주의'에 맞서는 대안적인 시간성과 섹슈얼리티의 문제에 관해 숙고하기를 제안한다. 갤럽은 중년의 나이에 발생한 장애와 관련해서, (장애와 성에 얽힌) 자신의 경험을 서사화하고 이에 대한 상세한 분석과 함께 장애와 노화의 교차적인 시간성을 제안할 뿐만 아니라 '규범적인 시간성'으로 설명되지 않는, 새로운 시간성을 이론화한다. 중년의 나이에 '장애'를 경험한 '퀴어' 연구가로서 갤럽은 다름 아닌 장애 혹은 불구에서 "매력적인 정체

성과 흡인력 있는 이론의 움직임을 발견했다"라고 공언한다.[11]

갤럽의 경우, 40대 후반에 생긴 발의 장애 때문에 경험하게 된 휠체어 생활 그리고 파트너의 전립선 절제술이 유발한, 변화된 섹슈얼리티는 장애와 노화를 비-규범적인 '시간성'의 관점에서 다시 생각해 볼 기회를 준다. 갤럽이 보기에 장애(자신의 보행장애든 파트너의 전립선 문제든)는 '비-생산적'이라거나 '비-성적'인 것으로 환원될 수 없다. 다음 절에서 살펴보겠지만, 갤럽의 서사는 퀴어나 장애 그리고 노년의 교차적인 사유를 통해서 '건강과 젊음'에 대한 규범적인 강박으로 인해 소외되고 배제되는 것들에 주목하고 있다는 점에서 유의미하다.

이와 같은 '불구의 시간(성)'의 두 가지 의미에 천착함으로써, 이 글은 비장애중심주의의 **전형적인 시간성으로 인해 발생하는 곤궁의 지점**을 드러내고자 한다. 단순히 장애가 없는 세상을 유토피아처럼 꿈꾸는 것으로는 비장애중심주의의 대안으로서 작용할 수 없을 것이다. 그런 대안을 제안하는 것이야말로 '장애=손상'이라는 단순한 의료적 모델을 전제로 한 결과이기 때문이다. 장애를 손상으로 동일시하고, 장애가 없는 무결점의 미래를 상상하는 것은 의

11 Jane Gallop, *Sexuality, Disability, and Aging: Queer Temporalities of the Phallus*, Duke UP, 2019, Proquest Ebook Central, p.2.

료적 모델의 '환상'에 지나지 않는다. 의료적 모델의 문제는 장애가 없었던 '과거'나 장애가 없을 '미래'만이 의미를 얻고, 장애가 있는 '현재'는 부정하게 된다는 점이다. '불구의 시간성'은 이러한 현재를 인정하고 주장하는 것이며, 불구의 시대를 살아가는 현재에 대한 공감과 함께 **불구 '고유의' 시간성**을 인정함으로써 발전론적, 진보적인 시간관이 지배하는 사회의 규범적인 억압에 대항하는 의미를 지닌다.

흥미롭게도, '자폐autism'라는 장애의 시간을 영위하는 삶을 그리고 있는 SF로서 ≪어둠의 속도*The Speed of Dark*≫[12]와 ≪무브먼트*Movement*≫[13]는 규범적인 시간성과 자폐 고유의 시간성 사이 충돌과 갈등을 재현하고 있다는 점에서 발전론적인 시간관의 폭력적 특성을 드러낼 수 있도록 하며 동시에 장애 고유의 시간인 '불구의 시간(성)'이 시사하는 바를 볼 수 있도록 해준다.

12 엘리자베스 문, ≪어둠의 속도≫, 정소연 옮김, 북스피어, 2017.

13 Nancy Fulda, *Movement*, CreateSpace Independent Publishing Platform, 2013.

2. ≪어둠의 속도≫에 재현된 불구의 시간(성)

엘리자베스 문Elizabeth Moon의 ≪어둠의 속도≫와 낸시 풀다Nancy Fulda의 ≪무브먼트≫는 과학 기술이 발전한 미래에 기술과 의학을 사용하여 자신의 장애를 없앨 것인지 아니면 장애를 자신의 정체성으로 인정할 것인지에 대해 선택의 상황에 직면한 자폐인 루Lou와 한나Hannah를 각각 그려내고 있는 SF소설이다. 장애와 SF의 결합은 장애 연구와 SF 연구 양쪽 모두에서 흥미로운 주제가 된다. 예를 들면, 〈장애의 미래를 상상하기〉에서 김초엽은 이 두 소설에 대해 "발전한 미래, 장애를 기술로 '제거'하기를 선택할 수 있는 미래에도 여전히 장애는 복잡하고 논쟁적인 자리에 놓이게 될 것"임을 지적하고 있다.[14] 김초엽과 김원영은 ≪사이보그가 되다≫를 공동 저술하면서, 장애가 단순히 기술과학의 수혜자라기보다는 그것의 "재창조자" 역할을 해왔음에 주목하고 장애와 기술의 관계를 새롭게 정립하고자 한다.[15]

14 김초엽, 김원영, ≪사이보그가 되다≫, 사계절, 2021, 272쪽. 기술로 장애를 없앨 선택의 문제에 있는 복잡함에 대해서는 수나우라 테일러(Sunaura Taylor) 역시 주목하고 있다. 테일러는 피터 싱어(Peter Singer)가 "만일 2달러로 장애를 치유할 약을 살 수 있다면 모두가 그 약을 사용할 것"이라며 장애의 긍정적 효과를 부정하고 있는 것에 대해 비판한다. 테일러가 보기에 싱어와 그의 지지자들에게 "우리의 삶이 비장애 몸을 가진 사람들의 삶만큼이나 가치 있음을 증명해야 하는" 점, 장애인을 방어적으로 만드는 점이 문제적이다. 치료의 문제는 장애에 대한 "자긍심 대 의료적 개입"이라는 잘못된 이분법을 만들어낸다(수나우라 테일러, ≪짐을 끄는 짐승들: 동물해방과 장애해방≫, 이마쥬 유리, 장한길 옮김, 오월의봄, 2020, 247쪽) .

15 위의 책, 188쪽.

무엇보다도, 공동저술에서 김초엽이 이 두 소설에 특별히 관심을 가진 이유는, 장애의 제거를 두고 내리는 선택의 문제나 장애를 정체성으로 받아들이는지의 문제 모두 간단하지 않음을 보여주는 가상의 미래를 그리기 때문이다. 장애의 제거를 선택하게 되면 '장애는 반드시 제거되어야만 하는 것'이라는 '규범적인 정상성'을 강화하게 될 가능성이나, 장애를 치유하지 않은 삶의 의미가 부정될 여지가 생길 수 있다는 점에서 장애의 제거를 두고 어떤 선택을 할지는 논쟁적이다. 흥미롭게도, ≪어둠의 속도≫와 ≪무브먼트≫의 주인공 루와 한나는 각기 정반대의 선택을 한다. 자폐 치료를 선택하는 루와 선택하지 않는 한나, 그들이 당면한 선택의 문제는 앞서 언급된 '불구의 시간' 혹은 '시간성'의 두 가지 의미를 모두 함축하고 있다.

우선, ≪어둠의 속도≫에서 '자폐' 주인공인 루가 처한 위기는 맥루어와 크로우가 분석과 수행을 통해서 지적하는, 그리고 '전장연'의 시위가 환기하는 '불구의 시간'을 구체적으로 재현한다. 예를 들면, 맥루어는 2010년대 영국의 상황을 진단하면서 "고통과 낙인의 흔적"을 안고 "어떤 유쾌함"도 상상할 수 없는 "불구의 시대crip times"라고 표현한다.[16] 앞서 언급했듯이, 데이비드 캐머런의 보수당

16 McRuer, *op. cit.*, p.29.

이 연합정부를 구성하고, 세계 경제 위기에 따른 막대한 재정 부족에 대응한다는 명목으로 그 어느 때보다 심각한 긴축재정 정책을 단행했다. 자본가의 이익만 보호받는 데다 경제적 약자에게는 기본적인 의료서비스 제공도 제대로 이루어지지 않았다. 이른바 '재난 자본주의'라고 불리는 것의 통찰이 보여주듯이, 위기에 직면했을 때 경제적 약자는 더 빈곤의 수렁에 빠져든다.[17] 그런데 긴축재정을 강조한 캐머런의 재임 시절 "장애와 장애 정체성"을 사회의 "기식자" 이미지로 낙인찍는 정동의 정치가 널리 활용되었다. 특히 2012년 런던 올림픽과 패럴림픽 경기 시절 긴축재정 시행과 함께 장애인에 대해 "복지 수당 수혜자" 이미지로 낙인찍는 어휘들 — "게으른 자scroungers" "식객spongers" "기피자shirkers" 등 — 이 캐머런 연설에 자주 동원되는가 하면, 대중적인 TV 프로그램에서 "책임을 지지 않고, 부당하게 이득을 취하는" 개인으로 정형화되곤 했다.[18] "기피자" vs "노력하는 자strivers"라는 대립의 시나리오가 동시대 문화에 유행처럼 구조화되고 있었다. 맥루어가 분석한 이와 같은 장애 이미지의 정동 정치는 비단 영화에만 국한되지 않는다.

17 최근 국내 코로나 치명률에 대한 조사 결과를 보더라도 위기의 순간 치명적인 영향을 받은 "장애인" 집단에 관한 기사를 볼 수 있다. 예를 들어, "전국 장애인차별철폐연대가 질병관리청에 질의해 받은 답변서에 따르면, 2021년 1월1일부터 10월18일까지 비장애인 확진자 사망률은 0.4%, 장애인 확진자 사망률은 2.6%로 장애인 확진자 치명률이 6.5배 더 높다." 문광호, 〈코로나 걸린 장애인 자녀 … 엄마에게 '선택권'은 없었다〉, ≪한겨레≫, 2021.11.03. https://m.khan.co.kr/national/national-general/article/202111031405001#c2b

18 McRuer, *op. cit.*, p.33.

≪어둠의 속도≫는 기술의 발전이 인간의 유전적 장애를 완전히 제거할 수 있는 미래 사회를 배경으로 한 소설이다. 자폐인 노동자 루와 그의 동료들은 — '패턴 인지 능력'이라는 우수한, 능력이 있는 노동자인데도 불구하고 —그들이 받는 혜택 때문에 회사의 이윤 추구에 방해가 되는 "수혜자"로 치부된다. 루의 일터인 거대 회사와 회사의 관리자들은, 21세기 신자유주의 자본주의의 특성이라 할 수 있는 '저렴한 노동력과 유연한 생산, 유연한 효율성'을 여전히 강조한다. 예컨대, 회사의 이익을 대변하는 크렌쇼의 다음과 같은 언급을 보자.

> "피트, 핵심을 보게. (…) 우리는 비용을 절감해야 해-해야 한단 말일세. 시장에서, 투자 수입을 벌어들일 유일한 방법은 바로 효율성을 보여주는 거야. 호화찬란한 개인실과 저런 사무실들이라니-주주들은 효율적이라고 보지 않을 걸."[19]

루의 상관인 크렌쇼는 루와 루의 자폐인 동료들이 개인 체육관이나 개별 주차장, 그리고 정신과 상담과 같은 혜택들을 누리는 점을 못마땅히 여기고 루의 직속 상관인 피트 알드린에게 "효율성"의 중요함을 역설한다. 급기야는 자폐인 노동자들에게 주던 혜택을

19 문, 앞의 책, 217쪽.

주지 않고 회사의 이윤을 극대화하기 위해서 그들의 장애를 제거하는 새로운 치료법을 받도록 권고한다. 회사는 그 치료가 치료 이전의 기억을 모두 없애는 결과를 초래하게 됨을 예상하면서도, 자폐인에게 미칠 미지의 영향에 대해서는 전혀 고려하지 않는다.

주목하다시피 맥루어가 "불구의 시간"이라고 명명한 2010년대 영국의 상황은 SF의 미래상에서도 거의 유사하게 그려진다. 저자인 엘리자베스 문은 자폐인 아들을 키운 경험을 바탕으로 이 책을 썼다고 밝힌 바 있다. 문은 인터뷰에서, 이 소설이 "비록 미래(혹은 근미래)를 배경으로 하지만, 등장인물들이 마주하는 문제들은 참으로 **오늘날의 일**"이라고 언급하였다.[20] 문이 소설의 시간적 배경으로 미래 시대를 설정하는데도 불구하고, "오늘날의 일"이라고 지적한 것은 무엇을 의미하는 것일까? 문은 작품을 통해 우리의 현재 시스템에 대한 문제의식을 지적한 것이 아닌가?

흥미롭게도, ≪SF는 어떻게 여자들의 놀이터가 되었나≫에서 SF와 "테크놀로지"의 관계를 규명하는 조애나 러스의 다음과 같은 논평은 문이 언급하는 "오늘날의 일"이 무엇을 의미하는지 유추할 수 있도록 한다.

20 위의 책, 599쪽. 강조는 인용자의 것임.

> 테크놀로지라는 이 섹시 록 스타 뒤에 음울하게 숨어 있는 것은 훨씬 더 불길하고 강력한 인물이다. 이것은 바로 **우리를 둘러싼 사회 시스템 전체**며, (…) 대부분의 사람들이 '테크놀로지'를 말할 때 정말로 하고 있는 말이 무엇인지를 알 수 있다고 생각한다. 이들은 훨씬 더 큰 괴물을 정치적으로 신비화하고 있으니, 바로 **가장 선진적인 산업화 단계에 있는 자본주의**다.[21]

더불어, 러스는 "우리를 둘러싼 그리고 우리 내부에 있는 사회 경제 시스템을 언급하지 않고서는 피상적인 수준에 그칠 뿐"이라고 강조한다.[22] ≪어둠의 속도≫에서 문은 자폐인 아들이 경험하는 현재 세계가 미래에도 여전히 지속할 것이라고 예언하기라도 하듯이, 지금의 사회 경제 시스템의 특징을 SF 속 자폐인 루가 살아가는 미래 사회의 특징으로 재현하고 있다.

요컨대, 조애나 러스가 지적한 '테크놀로지 뒤의 괴물'로서 "가장 선진적인 산업화 단계에 있는 자본주의", 엘리자베스 문이 "등장인물들이 마주하는 문제"라고 지적하는 "오늘날의 일", 그리고 맥루어가 '불구의 시간'을 특징짓는 것으로서 비판하는 "신자유주의 자본주의"는 'SF'와 '장애' 그리고 '장애'와 '세계' 사이 긴밀한 복합적 관계를 함축한다. 분명, 'SF'×'장애'×'세계'의 관계는 러스가

21 조애나 러스, ≪SF는 어떻게 여자들의 놀이터가 되었나≫, 나현영 옮김, 포도밭, 2020, 95–96쪽, 강조는 인용자의 것임.

22 위의 책, 96–97쪽.

SF 장르의 특징 중 하나로서 제시한 바 있는 "교훈적" 특성과도 공명한다.[23] 다시 말해 SF 장르가 테크놀로지를 활용함으로써 "후기 산업 시대"에 대해 말하고 싶은 바를 재현한다는 것이다.[24]

'불구의 시간'에 대한 재현과 관련해서, 한편으로는 맥루어의 주장처럼 국가 정책을 홍보하는 정치인의 수사뿐만 아니라 대중문화 여기저기에 있는 '기피자' 대 '노력하는 자'라는 대립의 시나리오가 장애의 낙인을 강화한다면, 다른 한편으로는 '슈퍼불구supercrip'의 장애 극복 서사가 더욱 장애의 낙인과 혐오를 심화시킨다는 점을 주목할 만하다. 이와 관련해, 일라이 클레어Eli Clare는 개인의 불행을 전적으로 개인의 책임으로 돌리는 신자유주의 자본주의적 서사가 '장애 극복 서사'의 주인공으로 '슈퍼불구'를 만들어내고 있다고 비판한다. '슈퍼불구' 서사는 운동 경기나 대담한 모험 등에서 승리하거나 임무를 완성함으로써 세상에 영감을 주는 존재로 장애인을 그린다. 이러한 서사는 장애를 '이겨내야 할' 혹은 '치유해야 할' 역경인 것으로만 재현하는 비장애중심적인 '극복' 서사에 참여하는 것이 된다. 뇌성마비 장애를 지닌 해릴린 루소Harilyn Rousso는

23 위의 책, 32쪽.

24 마가렛 애트우드(Margaret Atwood)도 비슷한 입장을 밝힌다. "작가들은 현 정권과 본인이 속한 사회의 제도들을 비판하고 싶으나 공공연하게 비판할 경우 위험한 혹은 치명적인 결과를 맞닥뜨리게 될 수도 있을 때 일종의 반위장이나 표면적 장식으로서 SF 형식을 활용하는 것일 수 있다." (마가렛 애트우드, ≪나는 왜 SF를 쓰는가≫, 양미래 옮김, 민음사, 2021, 107쪽).

"나를 대단하다고 하지 마라"[25]라는 함축적인 표현으로서 '수퍼불구' 서사에 대한 강력한 저항을 담고자 한다. 루소와 클레어의 지적에서 볼 수 있듯이, 장애에 관해 정작 중요한 이야기는 "영감을 주는 슈퍼장애인이 어쩌고저쩌고하는 헛소리" 말고 "비장애 중심주의" 환경에 대한 것이어야 한다.[26]

요약하면, '불구의 시간'이란 다양한 매체에서 다양한 방식으로, 대중문화든 국가 정책이든, 장애에 대한 혐오의 방식이든 영웅화의 방식이든 비장애중심주의를 강화하는 환경을 의미하며, 그와 같은 환경의 기저에는 생산성과 효율성만을 주요 가치로 삼는 신자유주의적 자본주의가 괴물의 모습으로 자리해 있다는 것이다.

이 소설은 '긴축재정'을 부르짖으며 효율성만을 추구하는 '불구의 시간'을 재현하고 있을 뿐만 아니라, 그러한 시대가 요구하는 규범이 장애 몸의 고유한 '현재적' 시간을 무력화하고 있는 양상 역시 재현한다. 장애가 없는 미래를 위해 자폐를 치유하는 수술을 받는 것은 미래를 보장하기 위한 현재의 사라짐을 동반한다. '현재의 사라짐'을 김은정은 ≪치유라는 이름의 폭력*Curative Violence*≫에서 "접힌 시간성folded temporality"이라고 표현한다. "접힌 시간성"이란

25 해릴린 루소, ≪나를 대단하다고 하지 마라≫, 허형은 옮김, 책세상, 2015.

26 일라이 클레어, ≪망명과 자긍심: 교차하는 퀴어 장애 정치학≫, 전혜은 · 제이 옮김, 현실문화, 2020, 43–44쪽.

"정상적인 **과거로 현재를 대신**하고, 동시에 특정한 종류의 정상적인 **미래를 현재에 투영**시킴으로써 현재를 사라지게 만든다."[27]

김은정이 예로 든 강원래와 황우석의 일화를 보자. 척수 손상으로 장애를 갖게 된 강원래가 2005년 〈열린음악회〉에서 휠체어를 타고 무대에서 댄서들과 춤 공연을 하고, 그의 공연이 끝나고 함께 출연한 황우석은 다음과 같이 말한다. "언젠가는 우리 강원래 씨가 휠체어 댄스를 옛 그 시절을 기리며 추억의 한 작품으로 우리에게 다시 보여 줄 수 있는 그날을 우리 온 국민과 함께 하고 싶습니다." 황우석의 치료용 배아 복제의 성공에 대한 국가적 염원을 담으려고 기획된 이 무대가 끝난 다음 날 "강원래에게 더 이상 휠체어는 없다"라는 제목의 신문기사가 실린다.[28] 〈열린음악회〉 무대 이후 일련의 이 사건들에서 우리는 강원래가 다치기 전인 '과거'와, 치료된 '미래'만이 의미 있는 시간이 되고 '현재'는 무의미해짐을 목격하게 된다. 과거와 미래가 현재를 무력화하는 '접힌 시간성'의 양상은 '비장애 몸과 정신'을 지배하는 규범적 이념에 의해 파생된 시간의 삭제라고 할 수 있을 것이다.

다시 ≪어둠의 속도≫로 돌아오면, 회사로부터 치료의 선택

27 김은정, ≪치유라는 이름의 폭력≫, 강진경 · 강진영 옮김, 후마니타스, 2022, 23쪽. 강조는 인용자의 것임.

28 위의 책, 17–18쪽.

여부를 결정하도록 하는 제안을 받을 때 루와 루의 동료들이 직면한 문제는 치료를 받고 난 이후의 자신들을 어떻게 받아들일지에 대한 혼란이다. 회사가 루와 루의 동료들에게 '자율적인' 선택에 맡긴다고 함으로써 그들에게 호의를 베푸는 듯 보이지만 사실 회사는 자폐인의 욕망과 불안 등의 다양한 감정을 돌보지 않는다. 그들에게는 한편으로는, 이른바 '정상적인' 사람들과 같아지고 싶은 욕망도 있고, 다른 한편으로는 현재의 자신을 기억하지 못할 미래의 자신에 대한 불안감 역시 크다. 그러나 회사는 루와 루의 동료들이 지닌 자폐라는 특정 부분만 간단히 제거하면 아무것도 달라질 것이 없다고 여기며, 그들의 '현재' 고유성은 염두에 두지 않는다. 회사는 자폐만 제거하고 나면 온전히 회사의 이윤에 도움이 되는, '패턴 인지 능력을 장착한 로봇' 인간을 얻게 될 '효율적인' 결과만을 바라는 것이다.

마침내 루는 치료를 선택한다. 소설은 치료 후의 루가 과거를 기억하지 못하는 자신에 적응해 나가는 쪽으로 결론을 마무리하지만, 이 부분에서 간과될 수 없는 점은 치료 선택의 과정에서 루가 자신에게 일어날 변화에 대해 가늠해보며 자신의 모든 현재 감정에 충실하다는 점이다.

나는 치료를 필요로 하지 않는다. 지금의 나에게 만족한다. 하지만 나는 내가 치료를 받고 싶어 하기 시작한다고 생각한다. 만약 내가 변한다면, 그리고 변화가 그들이 아니라 나의 생각이라면, 어쩌면 내가 배우고 싶은 것을 배울 수 있고, 내가 하고 싶은 일을 할 수 있을지도 모르기 때문이다. 꼭 어느 한 가지가 아니다. 모든 것들, 모든 가능성들이 한번에 존재한다. "나는 지금과 같지 않을 거야." 나는 소리 내어 말하고, 편안한 중력을 놓고 그 확실함 밖으로 나와 불확실한 자유 낙하를 향해 오른다.[29]

임옥희의 지적처럼, "자폐가 루의 정체성의 하나라고 한다면, 그것을 제거하고도 '루는 루'라고 말할 수 있는가?"[30] 루는 이와 같은 "철학적 질문에 봉착"하고, 사랑하는 마저리에 대한 기억을 모두 잃게 될 미래 삶에 대해서도 고민한다. 하지만 루는 결정한다. "세상은 그대로 있지 않아요. 저는 그대로 있지 않아요. 저는 변하지 않을 수 없어요. 이건 그저… 더 빠른 변화일 뿐이에요. 저는 이쪽을 선택해요".[31] 치료를 받고자 하는 루의 결정에 대해서, 치료를 받도록 강요하는 사회의 명령에 굴복하는 것이나 다름없다는 비판이 있을 수 있다. 그리고 혹자는 그러한 선택이 선택을 강요하는 사회의 폭력성을 가리는 역할을 한다고 비판할 수도 있다. 하지만 루

29 문, 앞의 책, 490쪽.

30 임옥희, ≪팬데믹 패닉 시대, 페미-스토리노믹스≫, 여이연, 2021, 207쪽.

31 문, 앞의 책 499쪽.

의 결정은 존재에 대한 좀 더 근본적인 응답일 수 있다. 모든 인간에게는 '변화 가능성'과 '불확실성'이 있다는 것 말이다. 루의 시간은 과거와 미래가 접히는 시간성이 아니라, 현재의 감정이 고려되는 변화하는 시간성일 수 있지 않은가? 그것이 루 자신의 고유한 '불구의 시간성'이라 할 수 있지 않은가?

3. ≪무브먼트≫와 불구의 시간(성)

≪무브먼트≫의 저자 낸시 풀다는 이 소설을 쓴 의도에 대해서 "모든 아이는 각자 독특하다"라는 점, "아이들은 자신의 미래를 만들어나갈 권리가 있다"라는 점을 말하고 싶었다고 밝힌다.[32] 풀다가 그리고 있는 시대, 즉 한나가 사는 미래 시간은 마치 나무 묘목을 붙이듯이 "시냅스 이식"으로 자폐를 고칠 수 있는 시대다.[33] ≪어둠의 속도≫의 루 애런데일처럼, 한나 역시 자폐 치료를 할 것인지를 두고 선택의 상황에 직면한다. 루는 스스로 치료를 선택하지만, 한나는 치료를 원하지 않는다는 의지를 밝히는 것으로 소설이 끝난다.

32 Fulda, "Author's Note", *op. cit.*, p.25.

33 *Ibid.*, p.2.

앞서 김초엽의 지적에서 암시되듯이, 루와 한나 둘의 선택이 다르다고 해서 치료를 받을지 말지 선택의 옳고 그름을 판단하는 것이 장애학의 주요 관심 사항은 아니다. 오히려 자신의 경험과 환경 그리고 감정을 고려해서 미래에 대해 스스로가 자율적으로 내리는 결정이 되어야 하는 것에 더 관심이 있다. 예컨대 폴 롱모어Paul Longmore의 주장에서 보듯이 장애 커뮤니티에서 선언한 중요한 가치가 "자급자족 능력이 아닌 자기 결정, 자립이 아닌 상호의존, 기능적 분리가 아닌 개개인의 연결, 신체적 자율성이 아닌 인간 커뮤니티"[34]임을 고려하면, 한나와 루의 자기 결정이야말로 장애 연구에서 중요한 주제가 될 것이다. 그들의 자기 결정이 이루어지는 부분에서는 매번 다른 인물들과의 차이를 주장하는, 자신의 고유한 '시간'을 주장하는 것으로 이루어진다는 점에서 규범적인 시간성의 관점에서 저평가된, 배제되고 소외된 '불구 고유의 시간성'을 볼 수 있다. 그런 점에서 ≪무브먼트≫는 ≪어둠의 속도≫와 비슷하게 오랫동안 장애학자들이 이론화하려고 애쓴 '불구의 시간성'을 자폐 고유의 시간으로 형상화함으로써 그것을 전면에 드러내는 서사라고 할 수 있다.

예를 들면, "일시적 자폐temporal autism" 증상이 있는 한나는 음

34 폴 롱모어. 앞의 수나우라 테일러 책에서 재인용. 253쪽.

악에 맞춰 춤(발레)추는 것을 사랑하는 소녀다. 춤에 대한 한나의 애착을 보여주는 다음의 구절을 보자.

다른 이들은 내가 보는 것과 같은 식으로 신발을 보지 않는다. (…) 그들은 **몸의 한 부분처럼 느껴지는** 신발을 신고 춤을 춘다는 것이 어떤지 모른다. (…) 내 몸은 **내 의지에 따라** 움직인다. 여기에는 어휘가 없다. 오로지 나만 있을 뿐, 동작만 있을 뿐, 마치 변덕스러운 듯 복잡한 패턴으로 빙글빙글 도는 동작만이 있을 뿐이다.[35]

여기서 한나의 "신발"은 상징적이다. 그녀가 "몸의 한 부분처럼" 느끼는 신발은 그녀 자신만의 '고유성'을 의미한다. 그리고 그녀의 '고유성'은 주로 시간성의 관점에서 볼 수 있다. 예를 들면, 그녀는 다음과 같이 말한다. "그러나 부모님은 나의 시간 단위에 맞게 말하는 법을 모른다."[36] 혹은 "나는 나만의 소소한 방식으로 진화한다. (…) 내 부모님이 보지 못하는 것이 바로 그것이다. 나는 정지해 있지 않다."[37] 부모님이 보지 못한다고 하더라도, 한나는 그녀만의 방식으로 조금씩, 정지되지 않고, 춤추고, 살아가고, 나아가고

35 Fulda, *op. cit.*, p.8-9. 강조는 인용자의 것.

36 *ibid.*, p.10.

37 *ibid.*, p.15. "But they do not know how to speak on my time scale." "I am evolving too, in my own small way. (…) This is the thing, I think, that my parents most fail to see. I am not static, (…)"

있다. 김은정의 표현대로 하자면, 그녀의 시간은 과거와 미래가 현재에 접혀서 현재의 의미를 상실하는 '접힌 시간성'이 아닌, 정지해 있지 않고 "소소한 방식"으로 즐기는 고유의 '시간 여행'이다.

수나우라 테일러의 다음과 같은 관점에서 보면, 시간에 관한 한나의 주장은 의미심장하다. 테일러에 따르면, "불구의 시간이란 (…) 우리가 서로 다른 속도로 살고 있고 우리의 시간 감각이 경험과 능력에 의해 만들어진다는 점을 인정하는 것이다."[38] 또한 "불구의 시간"은 진보와 미래 지향적인 목적이라는 서구적 통념에서 벗어나, "우리에게 시간이란 가변적이며, 실제로 우리의 신체 형태와 함께 바뀌고 있다고 문제 제기하도록 한다."[39]

요컨대, 테일러의 통찰에 따르면 '불구의 시간성'은 "진보와 미래 지향적인 목적"이라는 서구적 통념에 맞지 않는 것을 일컫는다. 이른바 '규범적인 시간성'이란 진보적, 발전론적, 목적론적 시간을 전제로 한다. 그러나 앞서 한나가 주장하듯이 모든 시간이 발전론적이고 목적론적 시간에 부합하지는 않는다. 장애 혹은 불구의 시간이 어떻게 발전론적이고 목적론적인 시간을 비틀 수 있는지, 어떻게 규범적인 시간이 일으키는 억압적 효과에 저항할 수 있는지가

38 테일러, 앞의 책, 231쪽.

39 위의 책, 232쪽.

'불구의 시간성'을 주목해야 할 이유일 것이다.

흥미롭게도, 엘런 사무얼즈Ellen Samuels와 앞서 언급한 제인 갤럽은 각각의 장애 서사를 활용하여 그들만의 '시간성'을 제안하고 있다. 우선, 사무얼즈의 이야기를 보자. 그녀는 "불구의 시간을 바라보는 여섯 가지 방식"이라는 제목의 글에서 가장 먼저 "불구의 시간"을 "시간 여행time travel"이라고 규정한다. 그 이유는 자신에게 "장애와 질병은 진보적인 시간에서 (…) 멀어지게 하는 힘"이기도 하고, "젊어도 노년의 장애를 지닐 수 있고 나이가 들었어도 아이와 같을 수 있다. 우리는 결코 직선적이지 않"기 때문이다.[40] 일례로, 사무얼즈는 체육관 수영장에서 온수 치료를 받았던 일화를 소개한다. 60대부터 80대쯤으로 보이는 여러 남녀가 수영하고 있었다. 그런데 사무얼즈가 그들이 있는 수영장으로 들어가자 그들은 삐딱한 시선으로 바라본다. "가끔은 적대적으로 또 가끔은 호기심 어린 태도로" 본다. 그들은 "왜 이 공간에 네(사무얼즈)가 있는지, 다른 젊고 건강한 사람들이 있는 곳이 아닌 바로 노인네들이 있는 이곳에 있는지를" 의아해하는 눈치다. 이런 반응에 사무얼즈는 겉으로는 미소를 짓지만, 속으로는 "그들이 미웠다"라고 고백한다.[41]

40 Ellen Samuels, "Six Ways of Looking at Crip Time", *Disability Studies Quarterley* 37.3, 2017, p.1.

41 *Ibid.*, p.2.

사무얼즈가 수영장 일화로 얘기하고자 하는 것은 젊음과 늙음, 건강과 질병을 대립적으로 위계화하고 그 대립을 직선적으로 그리고 목적론적으로 사고하는 방식의 문제다. 사무얼즈는 젊음과 건강을 특권화하고, 늙음과 질병을 약화시키는 방식의 진보적 직선적 사고에 대해 분노하는 것이다. 즉 사무얼즈의 불구의 시간이란 직선적인 시간에서 이탈하는 "시간 여행"이라 할 수 있다.

사무얼즈가 이른바 "시간 여행"을 통해 직선적인 시간이라는 규범적인 시간성에 문제 제기했다면, 갤럽은 '성'의 관점에서 장애와 노화의 '퀴어 시간성'에 주목한다. 앞서 언급했듯이, 갤럽은 40대 후반 후천적 질병으로 인해 보행이 힘들어졌고 일정 기간의 휠체어 생활을 경험한다. 갤럽이 고백하기를 처음에 발병했을 때 자신에게 생긴 장애와 노화를 교차적으로 생각하지 못했다고 한다. 그러나 장애 이야기를 서사화하기 시작하면서 장애가 겪는 문제와 노화가 겪는 문제가 '시간성'의 차원에서 공명하는 부분이 있다는 결론을 얻게 된다. 구체적으로, 갤럽의 〈나의 이야기〉 부분을 보면, 그녀는 발의 아치 부분에 문제가 생기고 그 문제 때문에 그녀가 그토록 열광했던 팬시한 신발들을 신을 수 없게 된다. 팬시한 신발은커녕, 휠체어를 타고 뉴욕 거리를 다닌 경험은 사실상 그녀에게 '결핍'과 '손상'이라는 감정을 안겨주었다. 그러나 크리스마스 시즌의 어느날,

그녀는 사람들이 축제에 들떠 있는 시간에 뉴욕 길거리 한가운데 휠체어 안에서 '팔루스phallus'가 흥분되는 환상에 순간적으로 사로잡힌다.

그런데 휠체어에서의 팔루스라니! "휠체어에서의 팔루스"는 그녀에게 장애와 퀴어 그리고 노년이 교차하는 독특한 시간을 선물한다. 일반적인 장애 서사에서 장애는 '비-성적asexual'인데다 '비-생산적non-productive'이고 그래서 매력적이지 않은 것으로 재현되는 경향이 있다. 게다가, 한편으로 '팔루스를 소유하는 것'은 정신분석학의 관점에서 결핍이 아닌 권력을 의미하기도 한다. 물론 팔루스 있음과 없음을 기준으로 거세 서사를 이야기하고자 하는 것은 아니다. 사실 갤럽이 언급하다시피 정신분석학에서 팔루스는 '사라지는' 순간에야 의미를 지니게 되는 '텅 빈' 기표이기 때문이다. 이와 같은 정신분석학적 통찰을 배경으로 "휠체어에서의 팔루스" 이야기를 주목하면 "팔루스"가 반드시 생물학적인 '페니스'가 아니라는 점에서, 그리고 성적인 환상 혹은 만족이 '성기중심적'으로만 재현되지 않는다는 점에서, 또한 프로이트적인 '도착적 섹슈얼리티'를 보여준다는 점에서, 장애의 '비-규범적인' 성은 규범적 섹슈얼리티의 '목적론적인 서사'에 구멍을 낼 가능성, 더 나아가 이성애적이고 규범적인 시간성을 와해할 가능성을 보여준다.

갤럽의 또 다른 일화를 보자. 파트너의 전립선 절제술과 관련된 이야기다. 파트너의 전립선 절제술 이후 갤럽은 그와의 관계에서 이성애적인 성적 규범을 재고하게 된다. 더불어 '노년'을 '쇠퇴'로 보는 "쇠퇴 이데올로기"도 재고하게 된다. 예를 들자면, 전립선 절제술 이후의 섹슈얼리티에 대해 불안을 느끼던 시기의 경험이다. 갤럽은 파트너의 '사정ejaculation'이 불가능해졌을 때, 애초에 자신이 파트너의 '프리컴precum'(일명 '쿠퍼액')에 애착이 있었음을 발견하고 놀라게 된다. 그리고 갤럽은 '프리컴'에 대한 애착이 이성애 규범성의 강제성에 저항할 수 있는 것임을 발견하게 된다. 일명 "이성애 중심적인 성교 규범coital imperative"은, '사정' 이전에 출현하는 '프리컴'과 '사정'의 시간성, 즉 '프리컴' 이후 '사정'이라는 직선적인 시간을 전제로 한다. 여기에는 '사정'을 목적론적인 완성으로 보는 이성애 규범성의 문제가 있다. 따라서 '프리컴'에 대한 애착은 이성애 성교 규범의 목적론을 와해시키는 역할을 한다.

이 두 일화를 경유함으로써 갤럽은 젊음과 늙음, 건강과 질병, 미성숙과 성숙이라는 목적론적이고 진보적인 시간관의 문제점을 보게 된다. 갤럽은 일화들을 소개한 후 최종적으로 다음과 같이 주장한다. "규범적인 시간성은 여러 무력화의 효과들(불안, 우울, 비인간화, 억압)을 전달한다. 나는 이 책이 규범의 작동을 밝혀내고 대안을 옹호함으로써 이런 무력화하는 효과들에 저항할 수 있기를 바란다."[42] 또한 "나는 비로소 비장애-몸에서 장애-몸으로의 전환이 거세로서 비유되는 이유를 우리가 **장애에 대해 본질화된 개념**을 가지고 있기 때문이며 우리가 **장애에 대해 무시간적으로 개념화**했기 때문이라고 믿게 되었다."[43] "**장애에 대한 무시간적 개념화**"는 장애와 늙음을 '거세 상태'에 비유하는 것과 같음을 의미하며, 갤럽은 이에 대한 대안으로서 "**장기간에 걸쳐 변하는 정체성**longitudinal identities"이라는 개념을 제안한다.[44] 즉 장애와 비장애를 단일한 정체성으로 고착하는 것이 아니며 미성숙과 성숙, 늙음과 젊음, 장애와 건강, 이러한 양식들을 개별적이고 위계적으로 파악하지 않는 것이다. "장기간에 걸쳐 변하는 정체성"의 시간성에서는 시간의 흐름을 파괴적인 거세로 보지도 않는다. 이는 〈무브먼트〉의 한나가 강조한 '정지해 있지 않은' 시간성이며, ≪어둠의 속도≫ 속 루가 주장한 '변화하는' 시간성으로서 차이와 다름에 대한 존중과 같은 것이라고 할 수 있다.

42 Jane Gallop, *Sexuality, Disability, and Aging: Queer Temporalities of the Phallus*, Duke UP, 2019, p.104.

43 *Ibid.*, p.109. 강조는 인용자의 것임.

44 *Ibid.*, p.107.

카렌 해머Karen Hammer에 따르면, "공동의 취약성common vulnerability은 상호 위험성을 통한 상호 의존성을 받아들일 기회를 만들어"[45] 준다. 김초엽의 다음과 같은 언급은 해머의 "공동의 취약성"에 공명한다. "이제 나는 우리가 다른 미래에 도달하는 상상을 한다. 그 미래는 건강하고 독립적인 존재들만의 세계가 아니라 아프고 노화하고 취약한 존재들의 자리가 마련된 시공간이다. 그리고 서로의 불완전함, 서로의 연약함, 서로의 의존성을 기꺼이 받아들이는 세계이다."[46] 김초엽이 희망하는 시공간을 만들기 위해서 리바 레러Riva Lehrer는 아마도 다음과 같이 대답할지 모른다. "장애는 관계 가능성의 연금술적인 실험실의 역할을 할 수 있다."[47] 앞서 살펴본 '불구의 시간(성)'의 두 가지 의미를 종합해 볼 때 "공동의 취약성", "노화하고 취약한 존재들의 자리가 마련된 시공간", '서로의 불완전함, 연약함, 의존성을 기꺼이 받아들이는 세계' 그리고 "관계 가능성의 연금술적인 실험실"은 '불구' 혹은 '장애'가 자리 잡은 시공간이며, '불구의 시간성'이 '실격의 페다고지' 역할을 할 수 있는 이유이다.

45 Karen Hammer, "A Scar is More than a Wound: Rethinking Community and Intimacy through Queer and Disability Theory", *Rocky Mountain Review*, 68.2, 2014, p.159.

46 김초엽 · 김원영, 앞의 책, 283쪽.

47 Riva Lehrer, "Golem Girl Gets Lucky", *Sex and Disability*, Eds. Robert McRuer and Anna Mollow, Durham: Duke UP, 2012, p.246.

참고문헌

- 김은정, ≪치유라는 이름의 폭력≫, 강진경 · 강진영 옮김, 후마니타스, 2022.
- 김초엽, 김원영, ≪사이보그가 되다≫, 사계절, 2021.
- 마가렛 애트우드, ≪나는 왜 SF를 쓰는가≫, 양미래 옮김, 민음사, 2021.
- 수나우라 테일러, ≪짐을 끄는 짐승들: 동물해방과 장애해방≫, 이마쥬 유리 · 장한길 옮김, 오월의봄, 2020.
- 엘리자베스 문, ≪어둠의 속도≫, 정소연 옮김, 북스피어, 2017.
- 일라이 클레어, ≪망명과 자긍심: 교차하는 퀴어 장애 정치학≫, 전혜은 · 제이 옮김, 현실문화, 2020.
- 임옥희, ≪팬데믹 페닉 시대, 페미-스토리노믹스≫, 여이연, 2021.
- 장애여성공감, ≪어쩌면 이상한 몸≫, 오월의봄, 2018.
- 정창조 외, ≪유언을 만난 세계≫, 오월의봄, 2021.
- 조애나 러스, ≪SF는 어떻게 여자들의 놀이터가 되었나≫, 나현영 옮김, 포도밭, 2020.
- 해릴린 루소, ≪나를 대단하다고 하지 마라≫, 허형은 옮김, 책세상, 2015.
- Alison Kafer, *Feminist, Queer, Crip*, Indiana UP, 2013.
- Ellen Samuels, "Six Ways of Looking at Crip Time", *Disability Studies Quarterley* 37.3, 2017.
- Jane Gallop, *Sexuality, Disability, and Aging: Queer Temporalities of the Phallus*, Duke UP, 2019, Proquest Ebook Central.
- Karen Hammer, "A Scar is More than a Wound: Rethinking Community and Intimacy through Queer and Disability Theory", *Rocky Mountain Review*, 68.2, 2014, pp.159-176.
- Nancy Fulda, *Movement*, CreateSpace Independent Publishing Platform, 2013.
- Riva Lehrer, "Golem Girl Gets Lucky", *Sex and Disability*, Eds. Robert McRuer and Anna

Mollow, Durham: Duke UP, 2012, 231-255.

- Robert McRuer, *Crip Times: Disability*, Globalization, and Resistance, New York UP, 2018, Proquest Ebook Central.
- Stephen Dougherty, "Autism and Modular Minds in Elizabeth Moon's *The Speed of Dark*", *Mosaic* 43.4, 2010, pp.35-50.

3장

"불구 감정", 정체성 정치를 넘어

김미연

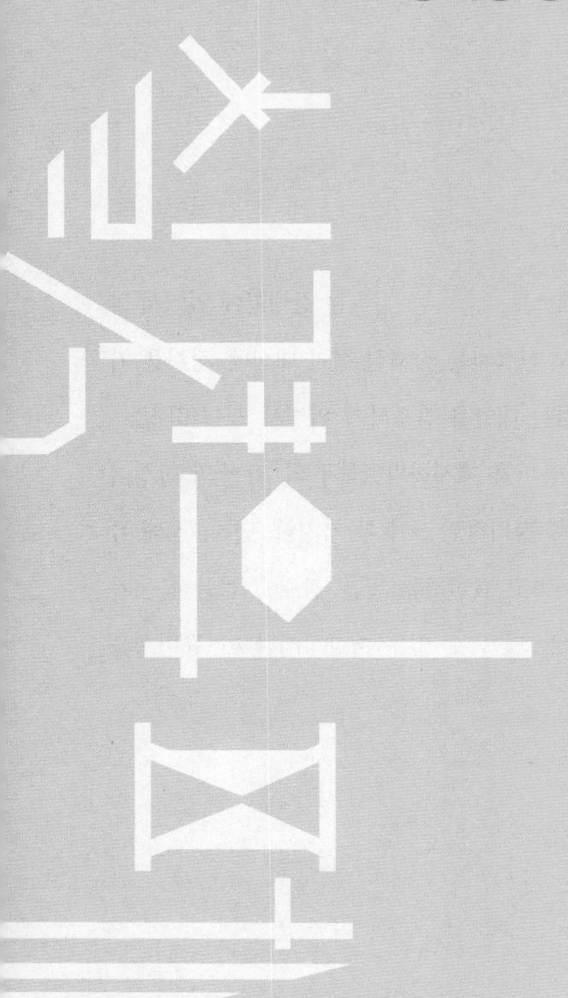

브래디 제임스 포레스트Brady James Forrest는 장애학에 있어서 장애/비장애 구분을 토대로 사유하는 정체성 정치 대신에 **'정서를 기반으로 조직한 공동체'**라는 대안을 강조하기 위해서 '불구 감정Crip feelings/Feeling crip'[1]이라는 용어를 제시한다. '불구'와 '감정'의 합성어로서 '불구 감정'의 의의를 정리하면 크게 두 가지다. 먼저, '장애 감정'이 아닌 '불구 감정'이라고 표현하는 것은 '불구crip'라는 용어가 '장애disability'라는 단어로는 담을 수 없는 저항성이나 비-규범성을

1 'crip'과 'feeling'의 결합어인 'crip feeling/feeling crip'의 번역에는 몇 가지 논의가 필요하다. 먼저 'crip'에 대해서는 일라이 클레어(Eli Clare)의 설명을 참고한다. 클레어는 ≪망명과 자긍심≫에서 통칭 우리가 '장애'라고 하는 여러 단어의 미묘한 차이들을 분류한다. handicapped, disabled, crip(ple), gimp, retard, differently abled, physically challenged의 의미를 자세히 설명한다. 그 중 crip은 cripple에서 온 단어로서, 국내에서 '불구자' 혹은 '불구'라는 번역어로 옮겨지고 있다. 클레어는 특히 불구 혹은 불구자가 자긍심의 용어로 사용되는 경향에 대해서 언급하는데, '퀴어'라는 용어가 젠더나 섹슈얼리티의 규범에 들어맞지 않은 사람을 낮잡아 이르는 용어였지만, 후에 오히려 당사자들이 자신들의 정체성을 당당히 밝힐 때 사용하는 자긍심의 용어가 된 것처럼, '불구' 역시 장애를 지닌 이들에 대한 모욕적인 단어로 사용되었지만, 역으로 당사자들이 저항의 의미를 담아 사용하게 된다. 예를 들면, "그래! 나 퀴어야, 어쩔래? 혹은 그래! 나 불군데, 어쩔래?"와 같이 말하는 것은 퀴어와 불구에 대한 억압의 내면화가 저항으로 바뀌는 순간이 된다(일라이 클레어, ≪망명과 자긍심: 교차하는 퀴어 장애 정치학≫, 전혜은 · 제이 옮김, 현실문화연구, 2020, 151-158, 300-306쪽 참조). 포레스트의 표현은 장애 정체성으로 담지 못하는 감정에 초점을 두고자 하기에, 여기서는 국내의 번역 추세에 따라 '장애 감정'보다는 '불구 감정'이라는 번역어를 쓰기로 한다.

함축하는 최근의 경향을 반영한다. 포레스트 역시 '불구'라는 표현으로 장애 정체성 그 이상의 의미—예를 들면, 장애 정체성에 대한 자긍심의 감정—를 확보하고자 한다. 다음으로, 포레스트의 용어는 정치와 공론장에서 소거되기 쉬운 주체의 '감정'[2]에 주목함으로써 정체성 정치의 한계를 드러내고자 하는 것으로 사용된다. 많은 경우 자긍심이나 분노 같은 감정들이 정치적인 시위와 집회의 동력이 되고 그러한 감정들이 모여 정체성 정치의 밑거름이 된다. 그렇다 하더라도, 정체성 정치는 정치적 입장을 강화하기 위해서 정작 주체의 복합적인 감정을 '사적'이라거나 '사소한 것'이라면서 무시하는 경향이 있다. 따라서 필자는 정체성과 관련하여 삶의 다양한 경험과 사건에서 생기는 복합적 감정을 다루는 몇몇 자전적 서사를 탐색하고, 그러한 서사의 특징인 정서적 공감에 주목함으로써 정체성 정치의 대안적 가능성을 살피고자 한다.

여기서 소개될 몇몇 자전적 서사들, 질병과 장애 그리고 퀴어적 경험을 풀어낸 서사들은 포레스트의 '불구 감정'이 던져준 통찰에 공명하는 바가 크다. 이를테면 이들 자전적 서사는 사회가 어떤

2 '감정'에 해당하는 용어는 매우 다양하다. 영어로 feeling, emotion, affect, sentiment, mood 등의 단어와 그에 대한 번역어도 제각각이지만, 여기서는 이 단어들의 세세한 차이를 열거하기보다는, '감정', '느낌', '정서'라는 용어로 통칭해서 사용하되 정체성과 감정을 동일시하지 않기 위한 것이자 정체성 모델에 저항하기 위한 것으로서 사용하고자 한다. 이에 대해서는 호세 E. 뮤노즈의 글(José Esteban Muñoz, "Feeling Brown, Feeling Down: Latina Affect, the Performativity of Race, and the Depressive Position" *Signs* 31.3, 2006, pp.675–688)을 참조. 뮤노즈는 "내 글에서 정서는 단순히 정체성을 고정시키려고 하지 않는다"(Affect is not meant to be a simple placeholder for identity in my work)는 언급과 함께, '정서의 개별성'(affective particularity)에 주목한다.

식으로 주체에게 '일관된' 정체성을 요구하는지, 그에 대한 반응으로서 주체에게 발생하는 감정은 어떻게 모순적이고 양가적인지, 그리고 사회의 요구와 주체의 대응 사이에 어떤 분열이 발생하는지를 증명한다. 요컨대, '불구 감정'은 '정치'과 '감정', 엄밀히 말해 '(장애) 정체성 정치'와 '감정' 사이 분열, 분리, 미끄러짐을 지칭하며, 이 글은 이 분열, 분리, 미끄러짐의 지점을 탐색하는 것을 목적으로 한다.

1. "불구 감정"

먼저, 포레스트가 제시하는 '불구 감정'이란 어떤 의미인지 그가 든 사례를 통해 좀 더 구체적으로 살펴보자. 과거에 조현병 진단을 받았던 36세의 마틴은 최근 장애 심사에서 자신의 예상과는 반대로 고용에 '적합하다'는 판정을 받게 되었다. 게다가 의사는 그에게 약을 중단하도록 권장했고 가족과 친지들로부터 독립할 것을 재촉했다. 하지만 마틴은 이와 같은 심사 결과를 받은 이후에도 여전히 자신은 일할 준비가 되지 않은 상태라고 '느꼈으며', 이 일이 있고 난 두 달 후에 스스로 목숨을 끊고 만다.[3] 마틴의 사례는, 질병과 장애에 대한 사회적 낙인의 위험에도 불구하고 정부로부터 경

3 Brady James Forrest, "Crip Feelings/Feeling Crip", *Journal of Literary & Cultural Disability Studies*, 14.1, 2020, pp.75–76.

제적 지원을 받기 위해서 이른바 '장애 등급' 심사를 받지만, 정부의 긴축 정책 때문에 제대로 장애 '인정'을 받지 못하는 상황을 보여준다. 다시 말해서 (장애 등급제, 장애 심사 등 장애 정책과 관련해 필수적이라고 할 수 있는) '**정체성**'과 (그 정체성에 알맞은 속성으로 기대되는) '**감정**'[4] 사이에서 발생한 틈새가 자살이라는 비극을 초래한 원인일 수 있다. 포레스트는 장애 '**정체성**' 범주에서 미끄러지는 마틴의 '**느낌**' 혹은 '**감정**'을 '**불구 감정**'이라고 지칭하고 있다. 그리고 포레스트는 '불구 감정'은 "규범적 정서와 태도에 잘 들어맞지 않는다고 느끼는 사람들who do not feel quite right within the protocols of normative affect and comportment" 그리고 "장애/비장애 몸 혹은 정신이라는 이분법을 초과하는in the excess of the able-minded or able-bodies/disabled binary" 자들을 위한 용어라고 밝힌다.[5] 마틴의 경우 장애냐 비장애냐의 이분법을 토대로 하는 정체성 정치보다는 주체의 '감정'이 가지는 고유성과 복합성에 주목해야 함을 일깨워 주는 비극적인 사례로 볼 수 있다.

마틴의 사례와 같이 정체성과 감정의 틈새는, 장애 등급 심사

4 감정과 정체성의 관계에 대해 호세 에스테반 뮤노즈(José Esteban Muñoz)의 언급도 주목할 만하다. 그는 미국에 사는 라틴계 미국인으로서 "다수에 속하지 않는 감정"을 어떻게 표현할지에 대해 고민하고, "정서는 정체성을 담는 그릇이 아니다"라고 선언한다(Muñoz, *op. cit.*, p.677).

5 *Ibid.*, p.676.

와 관련된 다른 사례들을 상기해주기도 한다. 예를 들면 2017년 장혜영은 발달장애가 있는 동생 장혜정의 '활동보조서비스' 신청을 위해 국민연금공단을 찾았던 일의 소감을 장애 관련 언론인 ≪비마이너≫에 기고한 바 있다. 기고문을 통해 알 수 있듯이, 당시 '활동보조서비스'는 신체적 정신적 장애 때문에 일상생활이나 사회생활이 어려운 장애인에게 활동 지원 서비스를 지원하는 정부 정책이다. 24시간 동생 혜정과 함께 지내며 그녀를 돌봐야 했던 혜영은 하루 6시간 정도 돌봄 보조를 받을 수 있게 된다면 자매의 삶이 조금은 더 풍요로워질 것이라고 기대한다. 그러나 언니 혜영은 공단의 심사 과정에서 장애 당사자의 감정이 전혀 고려되지 않고 있는 점에 분노하게 된다. 공단의 심사자들은 혜영에게 혜정을 포함한 다른 가족에 관련된 무례한 질문들을 한참 늘어놓다가, 정작 서비스의 당사자인 혜정에게는 "오늘이 무슨 요일이에요?" "오늘이 몇 일이에요?" "이름 한 번 써보세요."라는 딱 세 가지 질문만을 던진다. 장혜영은 기고문에서 다음과 같이 장애 심사의 부당함에 관해 지적한다.

(…) 만일 심사의 목적이 한정된 자원을 잘 분배하여 장애인의 삶의 질을 개선하는 것이라면 지금의 심사는 비효율적이기 짝이 없고 비인간적이기까지 하다.

필요한 것은 대화의 형식이다. 왜 장애 당사자가 무엇을 얼마만큼 필요로 하는지 직접 말하게 하지 않는가? 왜 당사자가 자기 자신을 더 풍부하고 효과적으로 표현할 수 있는 질문을 고안하지 않는가? 장애인의 삶이야 어차피 다 거기서 거기이므로 몇 가지 '전문적인' 질문만 던지면 그 사람에게 적합한 지원 서비스의 명세가 마법처럼 인쇄되어 나온단 말인가. 아닐 말씀이다.[6]

앞서 든 마틴의 사례에서 보았듯이, 그가 고용에 적합하다는 당국의 판정은 마틴의 복합적인 심리를 전혀 반영하지 않았던 것임을 알 수 있다. 의사는 메뉴얼대로 마틴의 상태를 평가했을 것이며, 정책 당국은 전문가의 평가서를 가지고 마틴의 정부 보조 여부를 심사했을 것이다. 마찬가지로, 혜정을 위한 '활동보조서비스' 심사 과정 역시 장혜영의 표현대로 "당사자가 자기 자신을 더 풍부하고 효과적으로 표현할 수 있는 질문을 고안하지 않"은채 의례적으로 이루어진다. 공단은 열세 살부터 장애인 복지 시설에서 생활해 오던 중 최근에 둘째 언니 혜영과 함께 살게 된 과정을 포함해서 혜정의 복잡한 삶의 이야기나 경험 그리고 감정 등을 전혀 고려하지 않는다. 혜정은 오직 '발달장애'라는 '정체성'의 기호로만 환원될 뿐이었다.[7] 그저 의학적인 기준으로만 장애인이 처한 상황을 판정하

6 장혜영, 〈활동보조 등급심사...'전기밥솥으로 밥을 할 수 있냐'구요?〉, ≪비마이너≫, 2017. 9. 25.

7 김원영은 이에 대해서 "복잡한 이야기를 가진 장혜정이라는 독립된 개인은 밥을 하지 못하고, 날짜를 셀 수 없는 '발달장애'라는 속성으로 쪼그라든다. (…) 법의 보호와 지원을 받기 위해서는 바로 그 보호가 필요한 이유인 '속

려는 점이 장애 등급제[8]의 문제다. 발달장애라는 기호만이 정체성을 규정하도록 둔다면, 이는 정작 장애 삶의 많은 부분을 삭제하는 것이 된다.

다시 마틴의 이야기로 돌아오면, 사회 복지 프로그램의 긴축 재정으로 야기되는 문제점을 알리기 위해 영국의 조각가 리츠 크로우Liz Crow는 2018년 장애학 컨퍼런스에서 마틴의 사례를 발표하기로 한다. 발표 당일 크로우의 목에 문제가 생겨 그녀 대신에 동료인 제스가 발표문을 읽기로 한다. 크로우의 발표문을 읽는 제스는 마틴의 자살 대목에서 울음을 터트리게 되었고, 청중들 대부분도 그녀의 감정에 공감하며 눈물을 흘리게 된다. 그런데 흥미롭게도, 비장애인 제스의 울음이 '감정'에 대한 몇 가지 논쟁을 촉발한다. 이를테면, 엘리자베스 도날드슨Elizabeth Donaldson과 캐서린 프랜더게스트Catherine Prendergast는 '장애와 감정'을 주제로 한 글(〈장애학에서 울음은 필요 없다!〉)에서 '울음crying'에 대한 두 가지 해석을 제시한다. 첫째는 울음을 '감상적'이고 '여성적'인 것으로 보는 젠더 편향적인

성' 또는 '배경' 안으로 한 사람의 인격을 온전히 구겨 넣으라는, 즉 지체장애와 발달장애 그 자체로만 존재를 쪼그라트리라는 요청이다"라고 비판한다(김원영,≪실격당한 자들을 위한 변론≫, 사계절, 2018, 189쪽).

8 1988년에 도입되어 2019년 폐지되기까지 30년 넘게 유지되었던 장애 등급제는 '동일 등급=동일 욕구=동일 서비스' 원칙이 적용되었던 제도이다. 등급에 따라 서비스를 제공한다는 점 자체로 반인권적이었던 제도가 폐지된 것은 긍정적으로 볼 수 있지만, 폐지 이후 기존의 6등급을 경증과 중증 두 종류로 이원화해서 맞춤형 서비스를 제공하겠다는 취지가 여전히 등급제 성격을 유지하고 있다는 비판이 제기되며, 급여량에 대한 종합적 판단이 부족하다는 비판도 여전히 나오고 있다.

해석이다. 감정과 이성, 여성과 남성을 이분법적이고 위계적으로 구분하는 기존 사회에서는, 공식 연단에서의 울음을 "감정 조절의 실패"나 '취약함'으로 취급하고 공적 담론의 권위를 위협하는 것으로 여긴다. 울음이 장애에 대한 "동정 서사pity narrative"를 부활시킬 수 있는 것으로서 해로운 것이라는 지적도 제기되는데, 이는 '울음'이라는 감정 표현을 '감상적'이고 '여성적'이며, 심지어는 열등한 것으로 바라보는 '젠더 편향적' 해석의 연장이라고 할 수 있다.

그러나 또한 울음(혹은 감정 표현)은 "몸과 정신이 늘 기존의 규범과 통제에 순응하는 것이 아님"을 보여주기 때문에, 억압적이고 강제적인 규범을 위반하는 저항적인 의미를 담을 수 있다는 해석 또한 제시된다[9]. 이와 같은 해석의 관점에서 울음이란 신체와 정신의 얽힘의 산물로서 해석되며, 제도에 의한 통제나 억압에 맞서는 정서적인 대응이 된다. 이러한 두 번째 해석의 관점에서 보면, 장애에 대한 반응으로서 비장애인 제스의 울음에 대해 '전문가답지 못하다거나', '실패했다거나' 하는 비판적인 반응은 그녀의 울음에 대한 정당한 평가가 될 수 없을 것이다.

요컨대, 장애 정체성에 맞지 않는다고 여겨지는 마틴의 '감정'

9 Elizabeth J. Donaldson & Catherine Prendergast, "Introduction: Disability and Emotion: There is No Crying in Disbility Studies", *Journal of Literary and Cultural Disability Studeis* 5.2, 2011, p.130.

과 공적인 행사에 어울리지 않는다고 취급되는 비장애인 제스의 '감정'은 장애냐 비장애냐의 정체성 정치의 관점만으로는 제대로 포착해낼 수 없는, 정체성과 감정의 미끄러짐을 시사한다. 따라서 규범적 태도나 정서에 어울리지 않는다고 주체가 느끼는 '감정'에 주목할 필요성이 생긴다. 이와 같은 '불구 감정'이 비장애 중심의 관점에서 만일 '실패'의 감정이라고 규정된다면, 이 '실패'의 감정은 장애와 비장애의 구분을 넘어서는 것이며, 오히려 장애 여부에 상관없이 주체의 핵심에 다가갈 수 있는 열쇠가 될 수 있지 않은가? 요컨대 '실패'는 장애와 비장애라는 이분법에 따른 '재현의 실패'이며, 규범이 요구하는 것과 주체의 고유한 감정이 일치하지 않을 수 있음, 다시 말해 '불구 감정'으로 포레스트가 시사하는 바와 같다. 앞으로 다루게 될 '장애'와 '퀴어 장애'의 자전적 서사들에서 저자들이 '실패', '잘못된 몸' 혹은 '잘못된 삶'이라는 표현을 사용함으로써 의도하는 것은, '실패'가 장애와 퀴어의 몸에 있는 것이 아니라, 오히려 사회가 몸을 재현하지 못하는 것에 '실패'가 있음을 주장하는 것이다.

좁은 의미에서, "차별받는 집단이 자신의 특수한 정체성을 기초로 건설하는 운동의 전략이나 조직 방식"[10]을 정체성 정치라고 규

10 정진희, 〈정체성 정치—차별에 맞서는 효과적인 무기가 될 수 있을까?〉, ≪마르크스21≫, 34호, 2020, 162쪽.

정한다면, 정체성 정치가 여성, 장애, 퀴어의 활동에 매우 중요한 도구가 되어 왔음은 분명하다. 정체성 정치는 소수자 억압의 철폐를 위해 필수적인 운동이 된다. 차이가 차별받지 않도록 차이의 적극적인 수용과 주장은 단결과 연대에 꼭 필요하다. 그러나 동시에 여성, 장애, 퀴어 등의 범주를 기준으로 정체성 안/밖의 경계선이 그어지며 이 경계선 안/밖의 정서와 감정을 이분법적으로 구분하고 정치화하는 경향이 발생하기도 한다. 범주의 안/밖에서 미끄러지고 가로지르는 주체의 감정을 포착하는 순간 정체성 정치의 획일성을 피할 수 있다. 여성, 장애, 퀴어의 단일한 정체성 정치만으로 완전히 포섭되지 않는 복합적이면서, 상호배제적이지 않은 '감정'에 주목함으로써 남성, 비장애, 이성애 중심주의의 배제적 억압의 폭로가 좀 더 정교화될 수 있을 것이다.

구체적으로는 장애와 퀴어의 몸을 경유하며 정체성에 대한 성찰을 제시하는 김원영과 일라이 클레어Eli Clare의 자전적 서사를 보고자 한다. 이들의 자전적 서사는 자긍심, 자기혐오, 수치, 행복감, 연민 등 어느 하나로 환원되지 않을 다양한 '감정'의 동시성과 보편성을 보여주는 특징이 있다. 단순히 정체성 정치가 요구하는 단일 감정의 전시가 아니라, 다양한 감정들의 동시 존재, 이를테면 수치심을 배제하지 않는 자긍심과 자긍심을 버리지 않는 수치심과 같은

'불구' 혹은 '퀴어 불구'라는 표현에 '붙어있는' 감정의 '양가성'을 보여준다. 이는 '상호배타적'으로 부정적 감정이나 긍정적 감정을 전시하는 정체성 정치의 방향과는 다르다.

스톤월 항쟁 이후 '퀴어 자긍심'은 퀴어의 정치에서 매우 중요한 역할을 했다. 오랫동안 축적된 '도덕적' 타락 혹은 '의학적' 질병이라는 낙인 때문에 동성애 집단 내에 수치심의 정서가 지배적이었다면, 1980년대 후반 '액트업ACT UP'이나 '퀴어 네이션Queer Nation'과 같은 단체들이 '퀴어'를 채택함으로써 '자긍심'을 운동의 에너지로 삼게 되었다. 당시에 '퀴어'는 '게이'나 '레즈비언'보다 비방의 뜻이 담긴 용어였지만, 바로 그러한 이유 때문에 오히려 활동가들은 모욕과 학대의 역사를 상기하기 위해서 '퀴어'에 '자긍심'을 부여하고 그 정서를 저항적으로 사용하게 된 것이다.

그러나 헤더 러브Heather Love의 지적에 따르면, '퀴어'는 '달콤하지만 고통스러운bittersweet' 정서를 담은 양가적인 표현일 수밖에 없다. 자긍심이 그간의 수치심에 "해독제"를 제공하는 것임에도, 정치적 에너지를 위해 '슬프고 우울한' 퀴어 소설의 정서를 부정하는 것은 퀴어 역사의 과거를 지우는 결과를 초래한다는 것이다.[11] 만일 러브의 주장대로, 20세기 스톤월 이후 자긍심으로 연대하는 정체성

11 Heather Love, *Feeling Backward: Loss and the Politics of Queer History*, Harvard UP, 2007, p.2.

정치의 분위기에서 퀴어 유토피아의 미래를 위한 낙관적 정서만이 지배하게 되면 '수치심, 자기혐오, 고립감 등'의 현존하는 감정이 자리를 잡지 못하게 되는 결과를 낳는다. 그렇게 되면 동성애의 '슬픈' 과거가 부정된다는 점에서 퀴어 역사의 상실이 생기며 동시에 정체성 부정과 수치심을 더욱 가중하는 아이러니한 상황이 발생할 수 있다. 러브는 이른바 '후진적인 느낌feeling backward'이라고 명명한 감정들, 예를 들면 "향수, 후회, 수치심, 절망, 원한, 수동성, 도피, 자기혐오, 물러섬, 쓰라림, 패배주의, 외로움 등"[12]이 19세기 말 20세기 초 동성애 감정을 기초로 한 소설들에서 재현되고 있음에 주목한다. 요컨대 러브는 낙관적이고 비관적인 감정들이 모두 퀴어의 과거와 현재에 있음을 강조한다. 또한, 러브는 게이-레즈비언 정치 운동이 진보에 역점을 둔다고 해서 그것이 과거 퀴어 문학의 부정적 감정과 단절하는 것이어서는 안 된다고 주장한다.

퀴어 대중문화를 본격적으로 분석한 J. J. 핼버스탬Halberstam의 퀴어 주체 논의를 참고하면, 복합적 감정에 대한 주목은 더욱 중요해진다. 이를테면, 핼버스탬은 퀴어 주체를 "영원히 이행 중인 perpetually in transition"[13] 주체로 파악한다. 그에게 몸은 남자로도 여자

12 *Ibid.*, p.4.

13 J. J. Halberstam, *Trans*, California, California UP, 2018.

로도 환원될 수 없고, 마치 몸이 고정된 장소인 것처럼 비유될 수도 없으며, 그러한 몸은 영원히 '이행 중인in transition' 상태에 있을 뿐이다. 퀴어 몸의 이와 같은 '이행성' 혹은 '유동성'을 전제한다면, 몸의 현존이라 할 수 있는 '감정' 역시 이행적이고 유동적일 수밖에 없을 것이다. 핼버스탬은 'Trans'에 '*'을 붙여 'Trans*'라고 함으로써 최종적이거나 확고한 정체성의 개념을 거부하고, 각자 몸의 '저자성'을 주장하려는 것이다. 그렇다면 감정에 대해서 역시 '이행성' '유동성'과 다르다고 말할 수 있을까? 긍정과 부정, 낙관과 우울, 사랑과 증오, 자긍심과 수치가 뒤섞인 복합적인 감정의 양상을 주장하지 않을 수 있을까? 러브의 주장대로, 긍정적인 감정이 감정 정치의 중요한 부분이 되겠지만, 부정적인 감정들을 주장하는 것 역시 퀴어 역사의 과거와 현재, 미래에 필요한 부분이라고 할 수 있다.

이와 같은 퀴어 감정의 논의를 장애 감정에도 마찬가지로 적용해보고자 한다. 예를 들면, 골형성부전증이라는 질병과 함께 장애 정체성에 대해 말하는 김원영은 ≪실격당한 자들을 위한 변론≫[14]에서 구체적으로 정체성 정치의 힘과 한계를 매우 분명하게 인식하고 그에 대한 이론적 판단뿐만 아니라 그에 얽힌 감정까지 상세히 표현하고 있다. 김원영은 장애 몸에 대한 자긍심, 아름다운 몸에 대한

14 김원영, 앞의 책. 앞으로 ≪실격≫으로 줄여 쓰고, 주로 반복적으로 인용하는 본문 2절에서는 쪽수만 표기.

사회의 이념, 그리고 그 이념이 내면화되어 나타나는 당혹스러움까지 다양하고 복합적인 감정의 변화를 보여준다. 또한, 뇌병변장애몸으로서 레즈비언 공동체의 삶을 서술하는 일라이 클레어는 ≪망명과 자긍심: 교차하는 퀴어 장애 정치학*Exile and Pride: Disability, Queer, Liberation*≫[15]에서 퀴어 장애 몸에 대한 정체성의 교차적 관계와 함께, 자긍심과 분노의 이야기에 초점을 두어 자신의 이야기를 전개하고 있다. 이들은 자전적 서사를 통해 무엇보다도 먼저 정체성으로 공유하는 집단 속에서 어떻게 자신의 정체성을 긍정하며 이를 정치적으로 세력화하는 것의 중요성을 지적한다. 그러나 거기에 그치지 않고 자신의 정체성을 수용하는 과정 중 '수치심'이나 '고립감'과 같은 부정적인 감정이 '자긍심'과 '연대감'과 함께 출현한다는 사실도 가감 없이 전달하고 있다.

15 일라이 클레어, ≪망명과 자긍심: 교차하는 퀴어 장애 정치학≫, 주해연 · 박미선 옮김, 현실문화사, 2020. 앞으로 ≪망명과 자긍심≫으로 줄여 쓰고, 주로 반복적으로 인용하는 본문 3절에서 쪽수만 밝히기로 함.

2. 김원영, '잘못된 몸'은 없다: 자긍심과 '아름다운 몸'에 대한 갈망

2019년 8월에 방영된 EBS 다큐 프라임 〈부모와 다른 아이들〉 3부작은 부모와 다른 정체성을 지닌, 퀴어와 장애의 평범하면서도 평범하지 않은 삶을 다룬 작품이다. 〈1부 나는 내 자식이 자랑스럽습니다〉는 동성애 혐오 분위기가 여전히 만연한 동시대 한국 사회에서 동성애를 지향하는 아이와 그 아이의 이성애자 부모, 〈2부 장애를 극복하지는 않았습니다만〉에서는 골형성부전증으로 휠체어를 늘 이용하지만, 그것과 상관없이 아름다운 춤꾼이 되기를 꿈꾸는 변호사 김원영, 그리고 〈3부 무사히 할머니가 될 수 있을까〉에서는 발달장애를 지닌 채 오랜 기간 머물던 장애 시설에서 나와 언니와 함께 사는 혜정 그리고 혜정을 돌보는 언니 혜영의 삶을 보여준다.

퀴어와 장애의 현재를 보여주는 이 이야기들은 당사자와 그 가족 그리고 커뮤니티에서 그들의 차이와 다름이 수용될 가능성의 이야기를 보여준다. 그러한 전개 과정을 통해 이 다큐 시리즈는 장애와 퀴어 당사자의 삶을 보여주는 것에 그치지 않고, 부모 형제와의 관계 그리고 커뮤니티 안에서의 관계 형성을 보여줌으로써 '자궁심'과 '공감'을 (그리고 사회로부터 강요된 실패감까지를) 공유하는 '정서적 공동체'의 가능성을 보여주었다는 점에서 주목할 만하다. 특히, 3부작 중 2부의 주인공인 김원영은 그의 책 ≪실격당한 자들을 위한 변론≫에서 장애는 곧 실격이라는 비장애 중심주의의 폭압적 규범을 비판하는 데 초점을 둔다.

총 9장으로 이루어진 ≪실격≫은 "실격당한 몸"이라는 저자의 표현처럼, 장애가 어떻게 '사회적으로 구성'되는지에 대해 상기해주는 자전적인 서사이자, 장애 몸과 장애 인권에 얽힌 각종 사례의 친절한 설명서로서 주목할 만하다. 김원영은 장애를 지닌 몸에 사회가 어떻게 존엄이 아닌 "실격"의 꼬리표를 붙이는지에 대해 비판적으로 접근하고, 장애의 몸이 차이의 존재로 수용되어야 함을 다양한 사례와 경험을 통해 주장하고 있다. 필자가 김원영의 서사에서 특히 주목하고자 하는 점은 ≪실격≫의 8장과 9장에서 본격적으로 탐구되는 정체성과 몸에 관한 진술 그리고 그에 얽힌 감정의 서사 부분이다. 특히, '아름다운 몸'에 대한 복합적인 감정의 문제는 앞서 포레스트가 제기한 '정서 공동체'의 가능성뿐만 아니라 '불구 감정'의 고유함에 공명한다.

먼저, 8장 〈아름다울 기회의 평등〉에서 저자는 장애 몸에 대한 욕망과 사랑의 문제를 탐색하고 있다. 뇌성마비가 있고 대학에서 정치학을 공부하는 지민과 지민이 사랑하는 비장애인 현오 그리고 현오가 사랑하는 비장애인 선유의 이야기, 양쪽 다리가 절단된 앨리슨이 경험했던 디보티즘[16] 이야기, 근이영증을 가진 남성 '꼽슬'을 연인으로 둔 20대 대학생 '빙구'와 둘의 관계를 반대하는 엄마의 이야기, 척추성근위축증이 있는 친구 '남윤광'이 연기를 하고 뇌성마비 장애가 있는 친구 '환수'가 연출을 담당한 연극제 이야기 등 8장을 통해 저자는 장애 몸의 사랑과 욕망을 주로 탐구한다. 이 과정에서 저자는 질병이나 장애가 있는 몸이 사랑하고 사랑받는 문제에 있어서 매우 복잡한 감정에 연루됨을 보여준다.

예를 들면, 저자는 뇌성마비 지민이 현오와 선유로부터 충분히 존중받는 느낌을 받으면서도 정작 지민의 몸이 사회적으로 매력적인 몸으로 인정받고 있지 못하다는 실망감을 느끼고 있음도 지적한다. 지민이 좋아한 현오, 현오가 좋아한 선유, 이 셋의 관계에서 지민이 느낀 복잡한 심경에 대해 저자는 다음과 같이 언급한다.

> 지민의 아름다움은 현오에게는 덜 매력적인 것이었을까? 지민에게 필요한 것은 정치적 신념이나 삶을 바라보는 태도, 인간의 보편적 권리와 존엄에 대한 가치관, '정치적으로 올바른' 세계 따위가 아니라, 현오의 열망을 끌어낼 치명적인 신

16 장애를 가진 사람에게 성적으로 끌리는 사람들을 '디보티'로 분류하고, 이들이 장애에 대해 보이는 태도와 욕망을 디보티즘이라 부른다.

체적 '매력'이 아닐까? 지민은(나는) 종종 몸뚱어리 하나만으로도 충분히 아름답고 매력적인 존재이고 싶었다. 어쩌면 그것만이 진짜 아름다운 인간이 될 수 있는 가장 중요한 조건은 아닐까 생각했다. (255)

위의 언급에서 보듯이 지민에게 동일시하는 방식으로 지민의 감정에 전적으로 공감을 표현하는 저자는 '정치적 신념'과 아름답고 매력적인 '몸에 대한 열망'이 어떻게 분리되는지를 지적한다. 비록 아름답고 매력적인 몸이 비장애 몸을 명백하게 지칭하고 있지 않지만, 비장애 중심을 비판하는 정치적 올바름을 지향하는 것과는 별개로 '신체적으로' 타인의 사랑과 욕망의 대상이 되고픈 강렬한 갈망 역시 있음을 밝힌다. 지민의 사례를 통해 저자는 장애 몸에 얽힌 정치적 신념과 감정의 문제는 간단하지 않음을 보여주고 있다. 정치적 판단과 요구가 감정을 획일적으로 통제하는 일은 가능하지 않다.

저자는 '관념'과 '정서'의 이 복잡한 관계성을 자신의 경험담을 통해 좀 더 구체화해준다. 2018년 장애인차별철폐의 날에 장애인들 70여 명과 함께 바닥을 기어가는 집단행동에 참여한 일화이다. 저자가 표현하듯이, 장애인들이 단체로 바닥을 기어가는 모습에서 비장함을 예상하는 것은 당연하다. (정치적 올바름의 주장이니) 장애인들이 처절하게 거리투쟁을 해야 하는 사회에 (거리투쟁에 참여한 장애 당사자나 그 옆에 모여든 운동가나 할 것 없이) 분노하는 것이 당연하겠지만, 이 순간 저자는 앞에서 기어가는 동료의 몸을 보며, "분노보다는 힘과 아름다움을 경험했"다고 밝힌다(264). 그 동료는 중학교 시절 친구였고, 뇌성마비 장애인이었다.

> 그는 무릎을 꿇은 상태로 양쪽 다리의 종아리 부분을 바깥쪽으로 Y자 형태로 뻗은 후, 사실상 종아리 근육과 양쪽 발목, 발가락의 힘만으로 하체를 밀어올리고 있었다. (…) 그것은 **숭고함이나 비극의 감정** 이전에 그의 근육 자체였다. 그의 아킬레스건이 탱탱하게 부풀어 올랐다가 터질 듯이 힘줄을 드러내며 몸을 앞으로 한 번씩, 한 번씩 밀어냈다. (…) 그날의 시위는 전체적으로 엄숙했고, 당연히 그 정치적 목적(부양의무제도, 장애인수용시설 폐지 등을 주장하면서 문재인 대통령 면담을 시도했다)을 생각할 때 **슬픔과 분노의 정서**가 주를 이루었다. 그러나 우리의 몸은 그날이 가지는 의미와 그 의미에서 비롯한 정서에 앞서 복합적인 '현실'로 눈앞에 나타났다. (…) 그건 **우리 둘 다 웃을 법한** 장면이었다. (264–265)

저자가 경험하는 장애 몸은 "슬픔과 분노의 정서", "숭고함이나 비극의 감정"만이 아니라 "힘과 아름다움" 그리고 "웃을 법한" 해학을 가능하게 하는 그야말로 "복합적인 '현실'"이다. '복합적인 현실'로서 몸은 관념과 정서가 '조우하는' 장소기도 하고 분리가 일어나는 장소기도 하다.

저자는 8장을 마무리하면서 친구 남윤광과 환수의 삶에 대한 "초상화"이야기를 꺼낸다. 김원영이 제작을 담당한 연극 〈프릭쇼〉에 척수성근위축증을 앓고 있는 남윤광이 출연했는데, 윤광의 병은 진행성이라 연기를 준비하면서도 나날이 무척 힘들어했다고 한다. 저자는 "그에게서 간혹 어떤 '아름다움(숭고함)'을 보았지만, 그의 신체가 내 삶을 잠식해 들어오는 일이 두려웠다"라고 고백한다. 윤광이 죽고난 후 그의 삶을 기록하는 글을 쓰기 위해 저자는 윤광의 활동지원인이었던 "정내귀"를 만나고, 비로소 깨닫게 된다. "오랜 시간 윤광을 지켜보면서 서로의 신체를 조응시키는 데 성공한" 내귀씨는 "윤광의 초상화를 그릴 능력이 있는 (아마도 유일한) 화가였던 셈이다"(282). 김원영은 윤광이 '척수성근위축증'이나 '후원금이 필요한 사람'으로만 재현되는 현실을 개탄하며, 윤광이 너무나 "입체적인 사람"이었다고 술회한다(282). 즉 "초상화"에는 한 사람의 신념만이 아니라 성향, 색깔, 향기, 느낌, 감정, 이 모든 것들이 종합적으로 녹아들 어야 한다.

9장 〈괴물이 될 필요는 없다〉에서 김원영은 다음과 같이 정체성 인정과 함께 감정에 관해서 언급한다. 감정의 언급은 아마도 앞서 언급한 '초상화'의 완성을 위해서 필요한 것이지 않을까.

(…) 우리는 같은 정체성을 가진 사람들을 만나 서로의 존재가 비정상이 아님을 확인하고, 우리 존재의 정당성을 사회적으로 인정받기 위한 투쟁으로 나아간다. 이러한 과정 한가운데에서 우리는 자신을 온전하게 받아들이는 데 제법 성공하고 있다.

그렇다면 우리는 스스로 사랑하는 데도 성공하고 있을까? 당신은 삶 전체에서 혹은 적어도 특정한 시기에 특정한 맥락에서 **실격당한 존재, 잘못된 삶**이라고 평가받은 적이 있을 것이다. 그러한 규범에서 벗어나 스스로를 당당하게 수용하고, 자기 권리를 주장하는 강렬한 투사가 되었을지도 모른다. 그래서 당신은 이제 **스스로를 사랑하게 되었는가?** 스스로가 이 세상에서 실격당한 인간이 아니라는 **확신**이 곧 자신에 대한 **사랑**으로도 연결되는 것일까?

부모가 우리에게 그러하듯이, 우리가 스스로를 사랑하는 일과 온전하게 받아들이는 일(정체성의 인정)은 때로 충돌한다. (295, 강조는 인용자의 것)

"실격당한 존재" "잘못된 삶"이라고 평가받더라도 자신의 몸을 "당당하게 수용"할 수 있는 것은 정체성 정치가 가진 힘이다. 김원영 역시 정체성 정치의 힘에 대해서, "우리가 가진 결함이나 결핍, '잘못되고' '실격된' 인간적 요소들이 정체성으로 선언될 때 우리는 비로소 해방감을 맛볼 수 있다. 더 이상 동굴에 혼자 있지 않다는 믿음, 개인적인 체험이 아니라 정체성 집단의 체험이라는 생각은 우리의 외로움을 덜어준다"고 정체성 정치의 의의를 주장한다(301).

그러나 김원영은 다음과 같이 묻는다. "그래서 당신은 이제 스스로를 사랑하게 되었는가?" 이 질문에는 앞서 주장한 정체성에 대한 자긍심만이 아니라, 장애를 지닌 몸에 대한 그의 또 다른 감정이 잘 스며있다. 그것은 이른바 사회의 '매력 자본'이라는 것을 갖고 있지 않음을 '느끼는', 즉 결핍의 몸으로 인식되고 있다는 점을 '느끼는' 것이다. '실격당한 몸'이 아니라는 확신에도 불구하고, 여전히 자신의 몸을 사랑하는 것에 대한 의구심이 남아 있다. 그는 "장애를 정체성의 일부로 받아들이는 일에 무척이나 애쓰는 것"은 "언젠가 나 자신에게조차 사랑받지 못하는 날이 오지 않을까 두려워서"일지도 모른다고 언급한다(309). 아름다움의 규범에서 소외된다고 느끼는 그는 누군가와의 관계와 사랑에서도 실패하지 않을까를 두려워하는 감정을 고백하는 것이다. 그러나 바로 그 두려움 때문에 자기 자신을 있는 그대로 받아들이는 노력을 더 기울인다는 점을 주목해야 할 것이다. 김원영의 마지막 언급과 같이 "우리는 서로의 삶이 존중받을 만하고 아름다울 수 있음을 입증하기 위해 노력해야 한다. 하지만 그러한 투쟁 속에서 어느 순간 강인한 투사의 모습이 아니라면 결코 스스로를 사랑하지 못하는 외로운 자신을 발견할지도 모른다. 그렇지 않아도 좋다"(310). 즉 완벽할 필요는 없다. 완벽한 "괴물이 될 필요는 없다."

요약하면, 9장에서 저자는 "자기 권리를 주장하는 강렬한 투사"로서 가지는 '자긍심'과, 자신을 사랑하길 주저하는 '내면화된' '혐오'와 '수치'가 동시에 현존함을 보여준다. 자긍심, 두려움, 수치, 자기혐오라는 모순된 감정의 존재는 '적절한' 태도와 감정만을 요구하는 사회의 규범적인 정체성 인정으로 포괄되지 않는 감정의 영역으로서, '있는 그대로의 나'라는 자아의 윤리에 근접하고 있는 것이라고 볼 수 있다. 그것이 "괴물이 될 필요가 없다"로 김원영이 말하고자 하는, '취약함'의 인정일지 모르겠다. 자기혐오와 자긍심이 일견 모순되는 감정처럼 보이지만, 이 모순된 감정이 오히려 존재의 진실에 더 가깝다고 볼 수 있지 않은가?

오드리 로드Audre Lorde의 주장처럼, "내면 깊숙이 존재하는 감정들을 인식하게 되면, 고통과 자기부정, 그리고 (…) 무감각 상태"에 만족할 수 없게 된다."[17] "깊은 숙고로부터 나온 (…) '내 느낌이 맞아'라는 표현 (…) 그 느낌이야말로 우리가 진정한 이해에 도달할 수 있게 해주는 가장 강력한 등대 역할을" 할 수 있고, "감정에 언제나 충실하지 못하다면, 그게 아무리 우리를 편안하게 할지언정, 이는 우리가 겪는 경험의 상당 부분을 부정하는" 것이나 다름없다.[18]

17 오드리 로드, ≪시스터 아웃사이더≫, 주해연 · 박미선 옮김, 후마니타스, 2018, 77쪽.

18 위의 책, 74, 77쪽.

만일 이러한 감정에 주목하지 않는다면, 장애의 범주를 근거로 하는 배제와 억압이 사라지지 않을 것이며, 또한 감정에 주목하지 않는다면, 장애 연구의 궁극적 목적이기도 한 비장애 중심주의의 물리적, 사회적, 법적 '환경'의 변화도 가능하지 않을 것이다.

3. 일라이 클레어의 "도둑맞은 몸"과 퀴어 '불구 감정'

김원영이 "실격의 몸"을 쟁점으로 장애의 몸에 대한 자기혐오와 자긍심 등의 감정을 서술하듯이, 일라이 클레어 역시 "잘못된 몸"으로서 퀴어 장애의 몸에 대한 자기혐오와 자긍심을 역설한다는 점에서 주목할 만하다.

특히 감정과 관련해서 클레어는 그의 자전적 글인 ≪망명과 자긍심≫에서 다음과 같이 언급한다. "내가 나 자신이 소녀도 소년도 아니라고 '**느꼈다**'고 쓸 때, 그 말은 무슨 뜻일까? 안다는 말과 느낀다는 말은 모호해서 잘 잡히지 않는다. (…) 꽃을 수놓은 드레스를 입고 (…) 억지로 지은 미소 뒤엔 거의 **공포에 가까운 감정**이 드러난다"(276, 강조는 인용자의 것). 어린 시절을 회고하는 이 문장들에는 그가 그 시절에 경험했던 '퀴어성queerness'에 대한 감정이 잘 나타나 있다. 그것은 레즈비언, 부치, 다이크 등 퀴어 정체성에 대한 어떤 언어도 알지 못했던 무지의 시기에 느낀 감정이다.

또한, 아이러니하게도 그가 "인생에서 처음 퀴어성을 경험한 것은 섹슈얼리티도 젠더도 아닌 장애와 연관된" 사건임을 밝힌다. 2세에 뇌병변장애 진단을 받은 그의 "떨리고, 균형에 맞지 않는 동작, 이해하기 힘든 말투, 느리게 움직이는 동작, 뒤틀리는 손목과 근육"을 보며, 사람들은 '잘못된, 망가진, 치료가 필요한 상태인 데다, 용납할 수 없도록 **퀴어해**wrong, broken, in need of repair, unacceptably queer'라고 말한다. 그는 그 시절 친구들로부터 "불구, 지진아, 원숭이"라고 불렸을 때 인생에서 처음 '퀴어함'을 경험했다고 쓴다.[19] 이때 '퀴어함'은 정체성 범주로서 '퀴어'가 아닌, '감정'으로서의 '퀴어함'이다.

대표적으로, 1999년에 출간된 ≪망명과 자긍심≫은 그 제목에서 암시하듯이, 장애와 퀴어의 몸에 대해 "망명"과 "자긍심"이라는 다소 대립적으로 보이는 감정에 관해 쓴 책이다. 왜 "망명"일까? 클레어의 표현에 따르면, ≪망명과 자긍심≫은 "도둑맞은 몸stolen bodies"에 관한 자전적 이야기다. 장애와 퀴어의 몸에 대한 억압과 자기혐오로 점철된 "도둑맞은 몸"은 '자긍심'으로 "되찾은 몸reclaimed bodies"이 되기까지 "망명"의 세월을 보낸 셈이 된다. "망명"은 자신의 몸 혹은

19 Eli Clare, "Stolen Bodies, Reclaimed Bodies," *Public Culture*, 13.3, 2001, pp.359–365.

정체성에 대한 적절한 이름을 찾지 못한 채, '집'("집으로서의 몸")으로 돌아가지 못하고 상실의 삶을 사는 것을 함축하고 있다.

앞서 김원영이 강조한 것처럼, 클레어 역시 내면화된 억압에 맞서기 위해 자기혐오를 자긍심으로 바꾸는 데 있어 같은 정체성을 가진 공동체에 대한 소속감이 중요한 역할을 했다고 쓴다(86-87). 그러나 '퀴어 소속감'이나 '장애 정체성'을 가지는 것으로 몸을 '되찾는' 과정이 종결되는 것은 결코 아니다. 이 미완결은 자신이 느끼는 욕망과 감정, 결코 "단일한 적이 없었던" 몸의 '느낌'을 놓치지 않으려는 데서 온다(277). 다음에 살펴보겠지만, 그가 퀴어 공동체 안에서 느끼는 '퀴어함'(여기서 '퀴어함'은 공동체 안에서 느끼는 이질감 같은 것을 의미할 수 있다)을 여러 번 반복해서 언급하는 것도 바로 정체성 정치만으로 포괄되지 않는 '감정'에 대한 지속적인 관심을 보여주는 예다.

먼저, 클레어는 장애를 지칭하는 여러 단어를 규정할 때, 단어의 사전적인 의미를 나열하는 것이 아니라, 그 단어가 풍기는 정서에 따라 구분, 정의한다. '장애'를 지칭하는 단어들, 예를 들면 "핸디캡handicapped", "장애인disabled", "불구자crip", "절름발이gimp", "지진아retard", "다른 능력을 가진differently abled", "신체적으로 어려움을 겪는physically challenged" 등, 이 모든 장애 '명명'에 대해 클레어는 다른

'느낌'이나 정서로 구분한다. 구체적으로 "핸디캡"에 대해서는 "길거리에 앉아 끼니를 구걸하고" 있는 장애 여성을 떠올리고, "장애인"은 "도로의 추월 차선에서 오도 가도 못하고 있는 차"와 같은 상태에 비유하며, "지진아"는 "언어가 몸을 멍들게 할 수 있다는 걸 알게 해준 말"이라는 식이다(151-155). 이처럼 장애 정체성과 관련된 단어들을 클레어는 자신만의 '느낌'에 따라 구분하고 차별화한다.

또한, 앞서 언급한 퀴어 공동체에서 느끼는 '퀴어함'의 근원은 무엇인가? 예를 들면, 그는 "퀴어는 내가 다이크임을 인식하게 된 이래로 집이었다"라는 진술을 통해, 퀴어 몸과 퀴어 정체성을 밝힌다(86). 처음 그가 소속감을 느낀 곳 역시 다이크 공동체였다. 열일곱 살에 대학 진학을 위해 시골을 떠나 오클랜드에서 다이크들과 함께 살았다. 그들과 함께 행진하고 파티를 하며 어느 곳에서보다도 동질감과 동류의식을 느꼈다. 그러나 그는 그곳에서 퀴어 정체성을 확인하고 그들과 함께 살면서도 "여전히 퀴어함queer을 느낀다"(87). 다시 말해 퀴어 정체성 안에서 다시 느끼는 '퀴어함feeling queer'은 무엇을 의미하는가?

로버트 맥루어는 '퀴어'와 '불구'가 공통으로 두 가지 전혀 다른 양상의 특징을 갖고 있다고 설명한다. 예를 들어, '정체성을 주장

identitarian'하거나 '정체성을 거부anti-identitarian'하는 양가성이다. 전자는 '퀴어'와 '불구'라는 정체성을 인정하는 것, 후자는 대담하게 그러한 범주 자체를 거부하는 것이다.

클레어는 퀴어 공동체 안에서 경험하는 '퀴어한' 기분을 전형적으로 도시적인 퀴어 공동체와 다른, 자신의 계급적 위치에서 파악한다. 벌목과 연어 산업을 주업으로 했던 시골 마을 포트 오포드 출신인 그는 당시 전형적인 퀴어 정체성에 자신이 '어울리지 않음'을 느낀다.

> 보스턴의 고급 호텔에 잘 차려입은 뉴욕부치와 펨 다이크들과 함께 앉아 있으면서도 수치심 말고 당혹스러움만을 느낄 수 있다. 혹은 이것은 도시에서 여전히 스스로를 시골 촌놈—이 말의 모든 계급적 함의들을 포함하여—처럼 느끼는 것만큼 단순한 일인가? 어떤 경우든, 이는 나로 하여금 퀴어 공동체에서 퀴어함(queer)을 느끼게 한다.
>
> 가장 눈에 띄는 퀴어 정체성들이란 얼마나 도시적인가? 얼마나 중산층에 가까우며, 얼마나 소비 지향적인가? (…) 스톤월 항쟁 25주년을 기념하는 (…) '스톤월 25'는 (…) 오직 여유가 있는 이들에게만 열려 있는 중산층과 상류층 도시민 파티일 뿐이다. (103–104)

"시골 촌놈"(이른바 "레드넥")이라는 정체성을 가진 클레어는 퀴어 공동체에서 여전히 '퀴어함'을 느낀다. 그는 "도시적" 퀴어 공동체가 "경제적 불평등 문제에 대해서 결코 진지하게 고민하지 않았다"고 고백한다. 레즈비언 공동체의 도시 중산층 여성들은 "이 문제에 대한 답을 찾으려고 노력을 기울인 적이 없고", 이 때문에 "자신들을 향한 분노가 멈추지 않는 공동체" 안에서 살았던 셈이 된다(107). 가난한 백인 시골 마을에 대한 애정을 여전히 가진 시골 촌놈일 뿐만 아니라 도시의 퀴어 공동체에서 활동한 클레어는 "퀴어 정체성, 가난한 노동계급 정체성, 시골 정체성이 교차하는 지점"에서 자신의 "배제와 망명"을 발견한다(113). 퀴어 공동체에서 느끼는 '퀴어함'에 대한 성찰의 결과로서 그는 "경제적 자원의 재분배"에 대한 요구와 갈망을 표현할 수 있게 되었다. 그것이 시골과 도시의 퀴어 공동체를 상호배제적이지 않도록 하는 길이기 때문이다.

마지막으로 주목할 부분은 퀴어와 불구가 교차하는 지점으로서의 '프릭'의 문제다. 그는 자신을 "불구자, 퀴어, 프릭, 레드넥"이라고 정체화한다. 이와 같은 명명은 자신의 몸이 하나가 아닌, 여러 차이의 정체성으로 이루어져 있음을 강조하기 위해서이기도 하지만, 그 개별 단어는 자신의 정체성에 대한 감정들을 표현하는 장치이기도 하다. 이를테면, "나는 불구자, 퀴어, 프릭, 레드넥이라는 단어들을 생각한다. 이 중 어느 것도 편안한 단어는 아니다. 그 단어들은 자기혐오와 자긍심이 맞닿는 들쑥날쑥한 가장자리를 표시한다"(59). 그런데 그중에서도 유독 클레어를 감정적으로 동요시키는 언어는 "프릭freak"이다.

프릭은 다르다. 프릭의 날카로움에 상처받고 겁이 난다. 단어들이 사람들과 맺는 관계는 나를 매혹시킨다. (…) 변태와 지진아는 상처와 쓰라림, 분노, 그리고 자기혐오를 떠올리게 하는 것들로 가득 차 있다. 반면 **불구자**, **퀴어**, 그리고 **프릭**은 경계 지대에 놓인 단어다. 어떤 이들에게 그 단어들은 큰 비통함을 주지만, 다른 이들은 환희와 자긍심으로 선택한다. **퀴어**와 **불구자**는 나의 언어지만 **프릭**은 아니다. 나는 그 이유를 알고자 한다. 그 단어가 대체 무엇이기에 그럴까? 불쌍하고 망가진 몸이란 뜻을 함축하는 **불구자**와, 그 정의상 정상성과 비정상성이라는 구분을 휩쓸어 지워버리는 **퀴어**는 담고 있지 않은 어떤 쓰라림을, 어떤 고통을 **프릭**이란 단어는 담고 있는 걸까? (157-158)

그가 지적한대로, "퀴어, 불구자, 그리고 프릭"은 누군가에게는 "비통함"을, 다른 누군가에게는 "자긍심"을 줄 수 있는 단어다. 즉 이 단어들은 자기혐오와 자긍심, 양가적인 감정의 근원이다. 더구나 "프릭"은 퀴어와 불구자가 담고 있지 않은 "쓰라림"을 담고 있다. "프릭"이라는 단어가 클레어를 더 동요하게 만든 이유는 클레어 자신의 개인적인 역사와 "프릭쇼"라는 집단적 역사가 겹쳐지기 때문이기도 하고, 또한 "퀴어와 장애인이 똑같은 억압을 경험하지는 않"더라도 "병리화 되고 의료화 되어" 양쪽 모두 지금껏 "프릭으로 간주 되어왔"기 때문이다(203).

'프릭'에 대한 클레어 개인의 최초 경험은, 다름 아닌 그의 장애 진단과 관련된다. 예를 들어, 1965년 주립병원에서 클레어에게 "지진아"라고 장애 진단을 선고했던 의사의 "빤히 쳐다보는 눈초리"와 "프릭"을 바라보는 관객의 시선이 동일시된다(199-200). 그에 따르면, 프릭으로 일했던 사람들 상당수가 "팔 없는 불가사의, 거인, 난쟁이, 핀헤드 등"의 "장애인"(159)이었다. 20세기 들어 장애가 의료화 되면서 프릭쇼가 쇠퇴했다고 하지만, 프릭쇼에서 의학으로 바뀌었을 뿐, 장애에 대한 "관음증"이 사라진 것은 아니다. 즉 "프릭쇼에서 의사의 진료실로, 호기심에서 연민으로, 오락에서 병리로" 인식틀만 바뀌었을 뿐이다"(186). 19세기 프릭쇼의 프릭과 20세기 진료실의 장애인이 당면했던 착취와 억압의 취약함이, 클레어가 프릭이라는 단어에 "쓰라림"을 담는 이유일 것이다.

앞서 언급한 것처럼, 프릭쇼의 역사를 경유함으로써 클레어는 자기혐오, 수치심, 두려움만이 아니라, 자긍심의 전례도 발견한다. 클레어에 따르면, "프릭쇼"에 참가한 ("유색인 비장애인"과 "인지장애인" 등을 포함한) "프릭"이 백인 비장애인들에 의해 대상화되고 타자화된 점을 무시할 수 없다. 비장애중심주의와 백인우월주의는 퀴어, 불구, 프릭 모두에게 매우 강력한 방식으로 내면화된다. 하지만 다른 한편으로 클레어는 "장애를 과시할 줄 알았던 프릭들은…분명 우리에게 자긍심에 관해 많은 걸 가르쳐 줄 수" 있다는 점도 기억한다(192). 주지하다시피, 프릭 쇼에서 일했던 사람들은 "실제 키보다 몇 인치 더 커 보이게" 하는 키 큰 남자, 혹은 "다이어트를 거부했던 풍만한 여자, 면도를 거부하고 자기 수염을 더욱더 길게 길렀던 수염 난 여자"처럼 장애를 적극적으로 과시했던 인물들이다(192). 클레어는 프릭이 프릭쇼에서 보여주었던 그러한 자긍심을 배워야, 현재의 "억압에 대한 개인적이고 집단적인 저항"이 가능해질 것이라고 전망한다(193). 그는 역사 속의 프릭에게서 자기혐오를 자긍심으로 바꾸는 "저항행위"를 배운 것이다.

결론적으로, 정체성에 관해 프릭과 프릭쇼에 대한 클레어의 진술에서 무엇보다 중요한 것은 자기혐오와 자긍심이라는 양가적인 감정의 충돌을 인지하고, 어느 하나만으로 자신의 감정을 환원하지 않는다는 점이다. "그래, 네 말이 맞아, 나 퀴어야, 나 불구야, 그래서 뭐?"(196) 혹은 "그래, 나 프릭이야, 그래서 뭐?"라며 자긍심을 선택하는 것도 중요하지만, 그 단어들이 주는 슬픔과 쓰라림이라는 다른 감정 역시 지워서는 안 된다. 오히려, 그러한 감정을 지우지 않은 채로 자긍심을 북돋는 것이야말로 비장애인과 이성애자의 혐오적인 시선을 되받아칠 수 있는 분노의 힘을 키울 수 있다.

일라이 클레어는 ≪망명과 자긍심≫의 마지막 문장들에서 다시 "도둑맞은 몸"에 관한 이야기로 돌아온다. "울고 웃고 이야기하자. 도둑맞은 몸과 더 이상은 여기 없는 몸에 관한 슬픈 이야기를 나누자. 잘못된 이미지와 우리를 고갈시키는 거짓말과 이루 말할 수 없는 폭력에 관한 분노케 하는 이야기를 나누자"(279). 슬픔과 분노라는 것이 감정적으로 느껴지는 것이라고 한다면, 클레어는 이러한 감정을 공유하고자 하는 욕구를 마지막으로 표현하고 있다. 그렇다면, 이른바 '불구 감정'을 통해 퀴어도 장애도 배제하지 않는 '정서의 공동체'를 형성할 가능성을 생각해 볼 수 있지 않은가.

4. 감정의 끈으로 연결된 정서 공동체의 가능성

일라이자 챈들러Eliza Chandler는 장애 신체에 대한 자긍심과 수치심의 상호관계를 본격적으로 탐구하고, 이 얽힘의 관계에 대해 우리가 무엇을 해야 할지를 분명하게 제시하고 있다. 뇌병변장애가 있는 챈들러는 언젠가 길거리에서 발이 걸려 넘어진다. 곤란하고 당혹스럽고 짜증이 치미는 이 순간 그는 자긍심이 있었기 때문에 자신을 "돌볼 가능성"을 갖게 되었다고 회고한다. 이를테면,

자긍심과 수치심 사이에서의 흔들림이 내 육체성의 현실을 구축하고 있는 한, 나는 **수치심을 껴안지 않는 자긍심과 함께할 수 없다**. 자긍심을 느끼기 위해서는 그것과 뚜렷이 구별되는 수치심이라는 배경이 필요하다. 그리고 수치심에도 자긍심이 필요하다. 수치심이 존재하기 위해서는 그것을 폐기하는 자긍심이 아니라 그것과 협력하는 자긍심이 필요하다. 자긍심을 통해서, 우리는 수치심의 공격에 맞서 스스로 회복하고 앞으로 나아갈 수 있다. (…) 자긍심을 통해서, 우리는 우리에게 닥쳐올 수밖에 없는, 우리를 세계에 연결시키는 수치스러운 상황들 속에서 평온함을 가지고 살 수 있다.[20]

챈들러에 따르면, 자긍심은 수치심을 껴안아야 하고, 수치심과 협력하는 자긍심이야말로 "수치스러운 상황들 속에서 평온함을 가지고 살 수" 있도록 한다. 챈들러는 이 둘의 상호작용, 수치심으로부터 등을 돌리지 않는 장애 자긍심으로서 감정의 '배치'를 주장하고 있다.

마지막으로, '수치심을 껴안는 자긍심'에 대해 상상해볼 수 있도록 하는 영화를 소개하는 것으로 글을 끝맺고자 한다. 2020년 상영된 최진영의 〈태어나길 잘했어The Slug〉는 '다한증'이 있는 '춘희'의 이야기다. 1998년 2월 사고로 부모님을 잃고 혼자 살아남은 춘희는 장례를 마치고 외할머니와 외삼촌 가족이 함께 있는 집으로 들어가

20 일라이자 챈들러, 〈장애자긍심과 수치심의 상호작용〉, ≪여성의 수치심: 젠더화된 수치심의 문법들≫, 에리카 L. 존슨 · 퍼트리샤 모런 엮음, 손희정 · 김하연 옮김, 글항아리, 2022, 190–191쪽. 강조는 인용자의 것.

게 되었다. 20년의 세월이 흘러 어른이 된 춘희는 마늘을 까며 생계를 유지하고 다한증을 치료하기 위해 꾸준히 돈을 저축하고 있다. 이기적인 외삼촌 가족은 춘희만 홀로 이 집을 지키도록 하고 (집의 소유권은 사촌오빠가 갖고 관리만 떠넘긴 채) 떠났으며, 춘희는 다리도 쭉 뻗을 수 없는 다락에서 혼자 살며 사발면으로 식사를 해결하고 마늘을 까며 씩씩하게 20년을 살아온 것이다.

그런데 춘희는 여러 상처받는 일을 겪어도 웬만해서는 자신의 감정을 표현하지 않는다. 중학교 시절 학교 무용 시험을 위해 폴카 연습 상대를 해주던 선생님이 "손에 땀 장난 아니다!"라며 차갑게 손을 놓아 버릴 때도, 발에 난 땀 때문에 마룻바닥에 찍힌 발자국을 보며 외삼촌이 "내가 너 이렇게 살지 말라 그랬지?"라고 무안을 주며 소리칠 때도, 수학여행을 가는 사촌이 혼자 남겨진 춘희에게 아무렇지 않게 김밥 도시락만을 떠넘기고 자랑하듯 가버릴 때도, 춘희는 좀처럼 자신의 감정을 꺼내지 않는다. 그렇게 20년이 지나 어른이 된 춘희는 갑작스럽게 '벼락을 맞고' 그날 이후 '어린' 춘희가 불쑥 나타난다. 부엌 식탁에 '어른' 춘희와 '어린' 춘희 단둘이 앉아 있을 때, '어른' 춘희는 '어린' 춘희와의 차이점 하나를 발견한다. 그것은 '어른' 춘희의 손에 있는 큰 화상 자국이다.

춘희는 좀처럼 감정을 표현하지 않으나 벼락을 맞고 '어린' 춘희가 나타난 이후 비로소 자신의 감정을 마주하고 달라진다. 벼락을 맞을 즈음 춘희는 사촌오빠로부터 집을 떠나라는 충격적인 요구를 받는데, 어쩌면 갑작스러운 '벼락' 장면은 집을 떠나야 하는 춘희의 현실적인 충격을 의미하는지도 모르겠다. 마치 영화의 영어 제목 '민달팽이The Slug'가 암시하는 것처럼 달팽이를 보호해주던 껍질과도 같은 집을 이제 맨몸으로 나와야 하는 현실에 처한 춘희는, 비로소 자신이 왜 중학교 시절 학교 건물 뒤 불이 활활 타고 있는 드럼통 위에 손을 갖다 대야 했는지, 즉 땀으로 "쩔어 있는" 손이 바짝 말라 버리도록 하고 싶었던, (어른 춘희의 손에 화상 상처를 남긴) 자신의 수치심, 슬픔, 외로움, 공포를 마주하게 된 것이다.

집을 팔고 춘희를 쫓아내는 사촌오빠에게 마침내 춘희는 억눌렀던 감정을 표현한다. "오빠! 그 집은요, 제가 지켰어요, 제가요. 춘희가요." "우리 엄마도 태어나고 자란 집이에요." "제가 어떻게 거기서 살아냈는데요. 왜 밀어냈어요?" 무례하고 이기적인 친척들을 향해 춘희는 처음으로 자신의 감정을 토해낸다. 그리고는 드럼통 뜨거운 불 위에 손을 갖다 대려는 어린 '춘희'에게 달려가고 그녀를 (즉 어린 모습의 자신을) **꼭 껴안으며 말한다**. "괜찮아, 니 잘못이 아니야. 우리 잘못이 아니야."

최진영 감독은 "공포를 극복하기 위해서는 공포를 바로 봐야 한다"라는 지그문트 바우만의 말이 이 영화의 모토라고 밝힌 바 있다.[21] 춘희는 부모님을 보내고 혼자 살아남았다는 죄책감과 수치심, 땀에 "쩔어 있는" 병에 대한 창피함, 그리고 무시 받는 삶이 이어질지도 모르는 불안과 공포심에 대해 늘 등을 돌리고 있었지만, '어린' 춘희를 만나고 그동안의 감정을 세세히 들여다보게 되었을 것이다. 공포를 바로 봐야 공포를 극복할 수 있다는 바우만의 언급에서처럼, 춘희는 영화 마지막에서 이제는 사라진 '어린' 춘희에게 다음과 같은 말을 건넨다.

"내가 세상에 왜 나타났을까 끊임없이 질문하던 그때, 너를 통해 만난 여러 빛깔의 사람들처럼 나도 나만의 쓸모와 이유가 있을 것만 같아졌어. 삶에 쩔어 있고 삐걱거릴 때면 우리가 서로 꼭 안아주었던 그때를 떠올릴게. 춘희야! 태어나길 잘했어."

껍질 없이 맨몸으로 느리게 혼자만의 길을 가는 민달팽이처럼 춘희는 이제 20년 동안 살던 집을 나와 자신의 삶을 살아가려 한다. 동정받는 삶이 아니라 존엄을 (스스로) 인정하고 (타인에게) 인정받는 삶을 살아볼 결심을 한다. 이러한 춘희의 변화는 분명히 자신의 불구 감정을 끌어안은 것, 수치심, 고독, 우울, 불안을 껴안는 자긍

21 박수연, 영화 〈태어나길 잘했어〉 프로그램 노트 참조, https://siff.kr/films/태어나길-잘했어/

심이라는 복합적인 감정이 가시화될 때 비로소 가능하다.

어린 춘희 자신을 돌아본 어른 춘희의 성찰이 춘희의 변화를 있게 한 요인이라고 말할 수 있다. 또한, 여기에 춘희의 변화 요인으로서 추가되어야 하는 점은 춘희와 "노숙인", 춘희와 "주황" 사이에 형성된 정서적 공감이다. 춘희가 기꺼이 음식과 신발을 나누어 준 "노숙자 여인"이 춘희에게 기꺼이 되돌려준 위로와 동반자 정신 그리고 춘희의 손에 난 화상 자국에 "꽃이 피었"다고 말해준 틱 장애 남성 "주황"의 진심이 담긴 애정은 정서적 유대의 가능성을 재현하는 것으로서 이 영화를 볼 수 있도록 해준다. 다시 말하자면, 춘희와 노숙인 여성, 춘희와 주황 사이의 끈은 '불구 감정'으로 연결된 '정서 공동체'의 그 가능성을 보여준다.

참고문헌

- 김원영, ≪실격당한 자들을 위한 변론≫, 사계절, 2018.
- 오드리 로드, ≪시스터 아웃사이더≫, 주해연 · 박미선 옮김, 후마니타스, 2018.
- 일라이 클레어, ≪망명과 자긍심: 교차하는 퀴어 장애 정치학≫, 전혜은 · 제이 옮김, 현실문화사, 2020.
- 일라이저 챈들러, 〈장애자긍심과 수치심의 상호작용〉, ≪여성의 수치심: 젠더화된 수치심의 문법들≫, 에리카 L. 존슨 · 퍼트리샤 모런 엮음, 손희정 · 김하연 옮김, 글항아리, 2022.
- 장혜영, 〈활동보조 등급심사…'전기 밥솥으로 밥을 할 수 있냐'구요?〉, ≪비마이너≫ 2017. 9. 25. https://www.beminor.com/news/articleView.html?idxno=11395.
- 정진희, 〈정체성 정치—차별에 맞서는 효과적인 무기가 될 수 있을까?〉, ≪마르크스21≫ 34호, 2020.
- Brady James Forrest, "Crip Feelings/Feeling Crip", *Journal of Literary & Cultural Disability Studies* 14.1, 2020.
- Eli Clare, "Stolen Bodies, Reclaimed Bodies: Disability and Queerness." *Public Culture* 13.3, 2001.
- Elizabeth J. & Catherine Prendergast Donaldson, "Introduction: Disability and Emotion: There is No Crying in Disability Studies!", *Journal of Literary & Cultural Disability Studies* 5.2, 2011.
- Heather Love, *Feeling Backward: Loss and the Politics of Queer History*, Harvard UP, 2007.
- José Esteban Muñoz, "Feeling Brwon, Feeling Down: Latina Affect, the Performativity of Race, and the Depressive Position", *Signs* 31. 3, 2006.
- Judith Halberstam, *Trans*, California, California UP, 2018.

4장

능력주의 사회와 인간 실격:

임솔아 소설의 소녀-여성 청년 서사를 중심으로

김은하

1. 실격의 인간

이 글은 감염병 이후를 헤쳐갈 상상력의 일환으로 '실격의 서사'를 발굴하고 의미화하고자 한다. 코로나 팬데믹은 사회를 멈추고 자가격리가 권장되는 전대미문의 상황을 야기함으로써 생존과 안전을 위한 새로운 페미니즘 페다고지가 필요함을 일깨워 주었다. 코로나 팬데믹은 인간을 넘어선 세계가 인간의 욕망과 이기심에 의해 발생한 '인류세'의 위기다. 난개발, 다국적 기업의 자원 약탈, 대규모 공장식농업과 축산 산업으로 인한 환경 파괴가 불러일으킨 근대 문명의 참사인 것이다. 따라서 지금까지 사회가 중요하게 여겨온 성장과 효율이 아니라 자연과의 공생이 코로나 이후를 살아갈 새로운 원칙이 되어야 한다. 그러나 인간의 기본 조건으로서 '취약성'을 외면하지 않는 이야기 역시 필요하다. 재난은 이미 사회에 존재하는 젠더 · 계급 · 인종적 불평등을 심화시키면서 사회적 약자의 삶에서 파괴적인 위력을 발휘하고 있기 때문이다. 따라서 상호공생의 기술을 증진시키는 것만이 아니라 '실격'을 바라보는 시선 자체가 변화하지 않으면 안 된다.

'실격'은 얕은 잠에 뒤척대고, 소진될 때까지 우리 자신을 몰아붙이게 만드는 불안의 근원이다. 오늘날 '능력주의Meritocracy'는 시대의 '정언명령'을 자처한다. '능력주의'는 개인의 능력에 따라 지위나 권력이 주어지는 사회에 대한 약속으로서 공정 담론을 주도하며 사회의 새로운 기준이 되었다. 능력주의는 경제적 자유주의의 원칙으로 사회주의의 종말 이후 전 지구적인 승리를 구가하고 있지만, '평등주의적 심성'[1]이 강한 한국 사회에서는 숭배되기조차 하고 있다. 실패하지 않기 위해 '연줄'에 의지하고 '진정성 윤리'를 외면하는 삶은 비루하기 때문이다. 사회적 주변인들은 권력의 언저리에도 접근하기 어렵기 때문에 평등주의적 심성의 바닥에는 원한의 감정조차 깔려 있다. 그러나 진단 자체가 진부할 만큼 부모의 계층 배경, 부의 세습, 특권의 대물림, 우수한 교육, 사회적 자본, 시대적 및 배경적 상황 등 비능력적 요인은 경쟁에 영향을 미쳐 직업과 소득의 격차로 이어지고 있다. 결코 능력이 전부는 아닌 것이다. 또한 능력적 요인에 속하는 개인의 타고난 재능, 근면성실함, 올바른 태도, 이상적 자질 역시 부모가 물려주는 무형의 유산에 가깝다고도 할 수 있다.[2] 이는 능력주의가 차별과 불평등을 가리는 베일임을 암시한다. 그럼에도 불구하고 좌절한 사람들은 불평등에 저항하는 대신에 모

1 송호근은 잘 사는 사람에 대한 한국인의 선망과 시기심을 민주주의를 이룰 수 있었던 핵심 동력이라고 설명한다. 이러한 주장은 흥미롭지만 평등에 대한 추구를 선망/시기심으로 환원할 수는 없기에 평등주의적 심성, 즉 평등주의와 유사한 감정 양태라는 표현을 사용하고자 한다. 관련 논의로 다음을 참고할 것. 송호근, ≪한국의 평등주의, 그 마음의 습관≫, 삼성경제연구소, 2006, 50-54쪽.

2 능력적 요소와 비능력적 요소에 대해서는 다음을 참고할 것. 스티븐 제이 맥나미 · 로버트 케이 밀러 주니어, ≪능력주의는 허구다≫, 김현정 옮김, 사이, 2015, 14쪽.

든 책임을 자신에게 돌리고, 스스로를 비하하거나 처벌하는 데 익숙하다.

2000년대 이후 능력주의는 유능하고 야심 있는 젊은 여성들을 사로잡아 왔다. 신자유주의는 '누구에게도 특권은 없다'고 선언하며 남성에게 '젠더 배당금'을 챙겨주는 것을 당연하게 여겨온 가부장제에 균열을 가했다. 1997년 외환위기 이후 형성된 IMF 관리체제하에서 대규모 구조조정과 함께 "고개숙인 남자"가 등장한 데서 알 수 있듯이, 남성성은 더 이상 모든 남자에게 돌아가는 무상 특권이 아닌 것이 되었다. 이로 인해 더 이상 성별을 타고난 약점으로 수락하지 않는 젊은 여성들에게 신자유주의는 유혹적인 거래 대상으로 받아들여졌다. 알파걸은 '포스트페미니즘postfeminism'세대의 도래를 알리는 이름이었다. 대학에서 총여학생회 발족이 불가능해지고 페미니즘 교과목이 폐기되었던 것은 '백래시backlash'의 여파만으로 설명되기 어렵다. 능력주의에 대한 여성의 지지는 여성의 취약성을 보여주는 증거일 것이다. 국가부도의 파국적 사태 이후 사실상 신가부장제가 대두되면서 '프레카리아트precariat'[3]의 여성젠더화가 이루어졌기 때문이다. '능력껏 경쟁'을 내건 사회에서 여성이

3 '프레카리아트'는 '불안정한(precarious)'과 '프롤레타리아트(proletariat)'를 합성한 신조어로 불안정한 고용 · 노동 상황에 놓인 비정규직, 파견직 등 신자유주의 경제체제하에서 등장한 신노동계층을 지시하는 말이다. 이 용어에 대해서는 아마미야 가린의 책 ≪프레카리아트 21세기: 불안정한 청춘의 노동≫(미지북스, 2011)을 참고할 것.

‘실격’ 처리되지 않으리라는 보장이 없다. 남성이 중심 권력을 차지한 현실에서 젠더는 차별의 ‘기본값’이지만 잘 보이지 않을 뿐이다.[4] 능력주의 이데올로기는 경쟁하는 주체들을 성차 없는 밋밋한 몸으로 상정하게 만들지만, 노동시장 등 공적 영역에서 성차별은 여전히 견고하게 존재한다.

능력주의 사회는 높은 성과와 생산성, 지속적인 자기계발, 억지 쾌활함을 가치화한다. ‘좋은 삶’을 원한다면 몸과 마음의 모든 기능을 극대화하라고 강조한다. 자신이 받는 대우에 대해 불평하기 시작하면 성공하지 못할 것이라고 은밀히 협박한다. 가능성이 희박하지만 형편이 나아지리라는 믿음을 갖게 한다. 사실상 불황은 구조적인 것이기 때문에, 경쟁에서 다수는 ‘실격’ 처리될 수밖에 없다. 그러나 사회가 그려내는 ‘좋은 삶’의 이상적 형태는 설령 체제의 기대치에 부응하지 못하는 사람들일지라도 이 불가능한 목표를 향해 내달리게 만든다. 탈진할 때까지 스스로를 몰아붙이게 만드는 “잔혹한 낙관주의”는 신자유주의의 본질이다.[5] 성과를 내기 위

4 루티는 여성은 실적 중심의 사회에서 더 열심히 일해야 하고 어떤 종류의 인간관계에서든 매력적으로 보이도록 비상한 노력을 기울이고 그러고 싶지 않을 때에도 미소를 유지해야 한다고 말한다(마리 루티, ≪남근선망과 내 안의 나쁜 감정들≫, 정소망 옮김, 앨피, 2018, 59쪽). 여성 노동의 감정 노동화 양상은 노동 시장에서 여성의 주변성을 보여주는 것으로 해석할 수 있다.

5 벌랜트는 우리가 지향하는 삶의 방식, 사교 모임, 이념적 지지와 그 비슷한 시나리오들이 우리에게 보상을 줄 거라고 완고하게 믿는 것을 “잔혹한 낙관주의”라고 명명했다. 로렌 벌랜트, 〈잔혹한 낙관주의〉, 멜리사 그레그 · 그레고리 J. 시그워스 엮음, ≪정동 이론: 몸과 문화 · 윤리 · 정치의 마주침에서 생겨나는 것들에 대한 연구≫, 최성희 외 옮김, 갈무리, 2015.

해 매진하는 주체는 결국 '소진'의 우울과 공허에 시달릴 수밖에 없다.[6] 그럼에도 불구하고 신자유주의의 첨병인 긍정심리학은 슬픔을 나쁜 감정으로 낙인찍어 명랑한 주체를 강요하기 때문에 불안은 더욱 주위를 맴돌고 내면은 우울에 점령당할 수밖에 없다. 경쟁 규범을 내면화해 감정 규율에 익숙해질수록 심각한 우울에 빠지는 역설이 발생한다.[7] 어디서든 이룰 수 없는 것들을 향해 손을 뻗지만, 자신이 갈망하는 것들이 스스로를 병들게 한다는 사실이 망각되어 버리면 주체는 감정적 교착에 빠져 버릴 수밖에 없는 것이다.

2000년대 이후 한국 사회에서 '힐링' 산업은 증가했지만 자살률과 우울증 발병률은 더욱 빠르게 증가해 왔다. 특히 여성들의 우울증 유병률은 남성의 2배를 상회할 정도로 높으며,[8] 20-30대 여성 독자가 주도하는 출판-독서 시장에서 ≪죽고 싶지만 떡볶이는 먹고 싶어≫로 대표되는 '여성-정병러' 서사가 인기를 끌고 있을 만큼 젊은 여성들의 우울증 발병률은 빠르게 증가하고 있다. 과거 우

6 한병철에 의하면 21세기의 사회는 규율사회에서 성과사회로 변모했다. 이 사회의 주민도 더 이상 '복종적 주체'가 아니라 '성과 주체'라고 불린다. 그들은 자기 자신을 경영하는 기업가이다. 규율 사회의 부정성은 광인과 범죄자를 낳지만 '성과 사회'는 우울증 환자와 낙오자를 만들어낸다. 한병철, ≪피로사회≫, 문학과지성사, 2012, 23-24쪽.

7 얼마 전까지 전 세계를 강타한 것은 인종, 난민, 여성혐오의 정치였다. 성과 압력에 의해 무한긍정의 정신이 예찬될 때 서바이벌에서 탈락한 실격자들에게는 혐오, 폭력, 증오가 향하게 된다. 그러나 능력주의 이데올로기는 사회적 타자에게만 유해한 것이 아니다. 능력주의는 특정한 이상에 못 미치는 자신을 향한 혹독한 비난으로 이어진다. 실패에는 무수히 많은 외부 요인들 혹은 구조화된 불평등이 작용하지만, 성과의 압력은 수치심을 유발하며 자기파괴적 충동을 부추긴다.

8 "2016년 보건복지부가 실시한 정신질환 실태 역학 조사에 의하면 주요 우울장애의 평생 유병률은 남성 3.0퍼센트, 여성 6.9퍼센트로, 여성이 남성보다 2배 이상 높다". 하미나, ≪미쳐 있고 괴상하며 오만하고 똑똑한 여자들≫, 동아시아, 2021, 22쪽.

울증은 중년의 중산층 전업주부에게서 특유하게 발견되는, 자기 자신이 되지 못한 데 따른 감정 표현이었다. 그래서 어딘지 광기의 징후마저 풍기는 우울증적 여성들은 가부장제를 위협하는 불온한 여전사로 해석되기도 했다. 그러나 오늘날 우울증의 얼굴은 젊어졌고, 우울을 더 이상 자기 해방의 급진적 동력이라고 부르기 어려운 상황이다. 이유림의 〈정서적 고통의 의미와 우울의 사회적 구성: 20대 '명문대' 여성의 정서적 고통과 우울증 경험에 대한 분석〉에 따르면, '명문대' 여대생들은 대학에 입학함으로써 청소년기에 내면화한 경쟁 규범과 감정관리에서 놓여나 비로소 자신과 사회를 성찰할 수 있는 틈이 열리자 우울한 감정에 사로잡혔다. 대학에 입학하자 탈진의 피로가 몰려오는 한편으로 사회적 경험이 쌓이면서 노력과 성실이 사회적인 보상을 약속하지 않는다는 것을 알아챘기 때문이다. 그럼에도 불구하고 가족의 기대, 사회적 촉망, 욕망이 뒤얽힌 구조에서 벗어날 수 없다는 예감을 떨쳐내기 어려웠다.[9] 이러한 이야기는 우울이 자기관리의 실패나 현실 부적응을 뜻하는 것이 아니라 경쟁적 사회에 대한 비판과 대항으로 연결될 수 있는 가능성을 보여주지만, 우울증을 낭만화할 수 있을 만큼 현실은 단

9 이유림, 〈정서적 고통의 의미와 우울의 사회적 구성: 20대 '명문대' 여성의 정서적 고통과 우울증 경험에 대한 분석〉, 연세대학교 대학원 문화학협동과정 석사학위논문, 2015, 91–92쪽.

순하지 않다.

지금 20-30대 젊은 여성들이 호소하는 감정적 고통은 유독 민감한 감수성을 타고났거나 자존감 낮은 개인의 문제가 아닌 사회적인 것이기에 우울을 항우울제로 다스릴 수 있는 의료적 질환으로 접근하는 것은 한계가 있다. 우울한 감정은 억압되고 회피되기보다는 사회를 성찰하면서 경쟁적인 삶의 방식을 거부하고 인생 전망을 찾아가는 질문과 사색의 계기가 되어야 할 것이다. 따라서 지난 시기에서처럼 '루저'나 '잉여'를 자처하는 자조와 농담으로 현실의 문제를 비껴가며 자신과 타자에 대한 혐오를 은밀히 키우는 것을 멈추어야 한다. 페미니즘 리부트 이후의 여성문학은 '실격'에 대해 좀 더 도발적으로 탐구할 필요가 있다. 이 글은 이러한 문제의식을 바탕으로 임솔아의 2015년 문학동네 대학소설상 수상작 ≪최선의 삶≫(문학동네, 2015)과 소설집 ≪눈과 사람과 눈사람≫(문학동네, 2019), 아직 창작집에 담기지 않은 몇몇 단편들을 살펴보겠다.[10] 임솔아 소설의 주된 주인공들은 가출 청소녀, 단기 일자리를 전전하는 '프리터Freeter', 고용되지 않았기 때문에 자유와 가난 모두 짊어진 예술가 등 젊은 여성 '프레카리아트'다. 임솔아의 문학에서 이

10 임솔아는 2013년 중앙신인문학상 시부문을 수상하며 시인으로도 데뷔해 시집 ≪괴괴한 날씨와 착한 사람들≫(문학과지성사, 2017), ≪겟패킹≫(현대문학, 2020)을 출간하기도 했다. 이 글에서는 소설만을 논의 대상으로 삼겠다.

들은 보편적 인권론의 허위를 폭로하거나 경쟁사회의 그늘을 보여줌으로써 부르주아 교양 시민에게 연민과 동정이라는 인간미마저 장착하게 해 줄 '타자'나 자기조소적인 루저가 아니다. 사회가 말하는 '좋은 삶'의 허위를 비웃으며 '실격'을 선언하고 지속가능한 삶을 찾아가는 저항 주체들이다.

임솔아 문학의 바탕에는 요한복음 11장에 실린, 예수의 명령으로 무덤에서 일어난 '나자로'의 이야기가 기독교적 맥락과 무관하게 능력주의 사회에서 실격 당한 자들의 구원에 대한 상상력으로 깔려 있다. 시인이기도 한 작가는 산문 〈나자로〉에서 "세상이라는 물살에 휩쓸려 수많은 사람들이 사라져 가고 있는 중이라고, 나 또한 그 수많은 사람들 중 하나라고 가장 절박하게 느끼던 시절"[11]에 나자로의 부활에 관한 시를 읽은 후 오래도록 그 이미지가 자신을 사로잡아 왔다고 고백한다. "피부는 썩어 가는 과일처럼 물컹물컹하고, 그의 몸에서는 구더기가 후드득 떨어져 내린다. 그는 내가 상상할 수 있는 가장 끔찍한 인간의 모습을 하고 있었으나, 인간에게 일어날 수 있는 가장 위대한 기적을 보여주고 있기도 했다"[12]고 경

11 임솔아, 〈나자로〉, ≪계간 시작≫, 14(1), 천년의 시작, 2015, 399쪽.

12 임솔아는 "시(아마도 문학이라고 바꾸어도 좋을 것이다–필자)를 쓴다는 것은 내게 죽어있는 것처럼 보이는 사물들과 사람들이 컴컴한 동굴에서 걸어 나온다는 것"이어서 "시를 쓸 때마다 주문처럼 중얼거린다"고 썼다. 이러한 문장은 임솔아의 문학이 그저 낙오에 대한 청년의 불안과 공포를 반영하는 데 그치지 않고 부활과 구원에 대한 탐색 서사임을 뜻한다. 임솔아, 위의 글, 400쪽.

이의 감정조차 내보인다. 고결한 인간의 범주에 속하지는 못하지만 죽음이 아니라 너무나 명백하게 삶을 지속해가는 나자로의 이야기는 부활과 구원의 기적에 대한 알레고리다. '나자로'는 경쟁사회가 이상화하는 '좋은 삶'이나 '고결한 삶'과 거리가 멀지만 다른 방식으로 대안적 삶을 찾아가는 실격 주체의 표상이다.

2. '최선의 삶'이 보여주는 역설: 자발적 탈락

≪최선의 삶≫[13]은 '질풍노도'의 광기에 사로잡힌 사춘기 소녀들의 일탈과 그 위험에 대한 이야기로 읽히기 쉽다. 소설의 주인공인 열여섯 살 중학생 '강이'는 무작정 가출 소녀로, 같은 학교 친구인 소영, 아람과 함께 대도시에서 비법월경자처럼 위태롭게 살아간다. 소녀들은 노숙, 구걸, 도둑질로 연명하거나, 신분을 속이고 사회가 미성년자에게 허락하지 않은 노동 시장을 전전한다. 소속 없이 길 위를 떠도는 것은 자유롭기는커녕 불편하고 고통스러운 일이다. "집 나가면 병신처럼 살아야 하잖아"(14)라는 소영의 말처럼 소녀들은 열악한 거주지에서 살아가며 가난에 노출된다. 또한 소녀들의 미숙하기만한 몸에는 언제든 남자들의 욕망어린 시선이 따라붙

13 임솔아, ≪최선의 삶≫, 문학동네, 2015. 이후 본문에서 이 책을 인용할 때는 괄호 안의 쪽수로 표기함.

고, 세 사람 중 아람은 성폭행을 당하고 룸싸롱의 '바니걸'이 된다. 아버지의 욕설과 매질로부터 자신을 지켜 줄 다른 가족조차 없는 아람은 돌아갈 곳이 없는 것과 매한가지이기 때문에 그저 폭력을 감수한다. 이 모든 이야기들은 사회의 중첩된 타자로서 미성년 여성들의 주변인적 위치를 생생하게 보여준다. 그러나 ≪최선의 삶≫은 가출 청소녀들이 겪는 성폭력이나 학교 밖 십대의 인권에 대해 이야기하는 르뽀르타쥬가 아니다.

≪최선의 삶≫은 영리하면서도 규범에 순응하는 소녀, 즉 '알파걸'이 아니라 자기파괴적인 저항으로 '성장'에 트러블을 일으키는 불온한 소녀의 이야기다. 성장 없는 사회에서 청소년기는 무구한 아이의 시간을 벗어난 소년소녀가 정상/비정상, 우월/열등 등 위계적 이분법이 작동하는 세상 속에서, 적응에 성공하거나 혹은 실패함으로써 승리한 자/실격당한 자에 속해 성인 사회로 이동해 가는 문지방의 시간이다. 근대 사회는 신분이동을 위한 자유 경쟁의 문을 열어젖혔기 때문에 젊음을 세속적 인정 유혹과 '자기진정성의 윤리'가 첨예하게 부딪치는, 영웅적이기조차 한 시간으로 만들었다. 그러나 극심한 '서바이벌'과 능력주의 이데올로기로 대표되는 신자유주의 사회에서 성장은 '아름다운 방황'이 아니라 잔혹극이다. ≪최선의 삶≫은 1997년 국가부도 이후 사회 정상화의 방식으

로 '서바이벌'과 '자기계발'이 독려되며 능력주의가 번성하고, 그 귀결로 격차 사회가 출현해 성장이 지옥이 되어버린 현실을 여실하게 보여준다. 그러나 이 소설은 온당하지만 지극히 익숙한 비판으로 현실의 차별 구조를 그려내는 데 만족하는 지도 그리기용 소설이 아니다. 주인공 '강이'가 왜 집을 좋아하면서도 길 위를 떠돌고, 파국으로 귀착되는 그녀의 가출기는 왜 '최선의 삶'으로 명명되는지 독자는 답해야 하기 때문이다. 자기계발의 생존술로 요구되는 '관리 사회'에서 '성장'은 실패의 가능성을 최소화하기 위해 사회적으로 가치 있는 것들에 삶을 정향하고 크고 작은 생존 기술을 습득하는 과정으로 채워지기 마련이다.[14] 따라서 체제나 제도로부터 멀어지고 이탈하는 것은 손해 보는 선택일 수밖에 없다. 그러나 적응이 되레 "병신"[15]의 위치를 수락하는 것과 다르지 않다면 '실격'은 체제 바깥으로 나가기 위한 저항이자 자기를 구하기 위한 '최선의 삶'이 아니겠냐고 작가는 질문한다.

14　신자유주의 이전의 사회에서 '실업'은 상실이 일시적이라는 의미가 담겨 있었다. 그러나 오늘날 자본주의는 완전 고용을 결코 염두에 두지 않는다. 신자유주의에서 '고용'은 자본의 필요에 따라 매우 유동적으로 이루어지며, 노동자들에게는 최소한의 비용만이 지불될 뿐이다. 고용과 실업의 경계에 있는 고용 아닌 고용, 정상과 예외가 구분되지 않는 불안정성은 신자유주의 체제의 가장 큰 특징이다. 이로 인해 경제적 위기는 구성원들에게 변화와 경쟁을 위한 무한 질주를 요구한다. 만약 적응하지 못한다면 인간적 존엄성을 주장할 수 없는 실격자가 될 수밖에 없다.

15　"병신"은 "신체의 어느 부분이 온전하지 못한 기형이거나 그 기능을 잃어버린 상태. 또는 그런사람"을 뜻하는 명사로 장애를 비하하는 혐오 표현이다. 그러나 이 소설에서 빈번하게 사용되는 핵심 키워드인 "병신"은 장애인 혐오나 사회적으로 좌절한 자에 대한 비하의 의미가 아니라 그러한 명명의 권력을 비판하고, 적응, 타협, 겸손, 순응, 온건 등 사회가 가르치는 노예의 미덕을 넘어서 '온전한 인간'이 되기 위한 약자의 저항이라는 반어적 의미마저 담고 있다.

이 소설은 수도권/지방, 강남/비강남 등 지역 간 위계가 심화되고, 동질적 국민의 탄생을 주도하던 학교가 다양성과 인재 개발이라는 미명하에 특목고/일반고를 제도화함으로써 격차사회화를 가속화해 온 이천년대 이후의 현실을 그린다. 소설의 배경인 대전시 유성구에 위치한 읍내동, 전민동은 단지 허구적 이야기를 펼치기 위한 가상이 아니라 현실의 공간이다. 십여 년 전 연구단지가 개발되고 연구원의 가족들이 이주해 오면서 '전민동'이라는 신생 동네가 출현하자 오랫동안 지역의 중심을 차지해 왔던 '읍내동'은 퇴락한 구久 지역으로 전락한다. 대도시에서 이주해 온 전민동 사람들이라는 비교 대상이 생김으로써 읍내동 사람들은 그저 '보통의 삶'을 살아가는 서민이 아니라 열등하고 좌절한 '루저'로 전락한다. 인접한 두 지역을 결정적으로 다른 공간으로 차이짓는 것은 '학교'라고 할 수 있다. 전민동의 주로 연구원 자녀들이 다니는 전민중학교는 순식간에 대전에서 명문고 입학률이 가장 높은 신흥 명문 중학교로 부상한다. 평온한 사춘기를 보내던 '읍내동' 소녀 강이는 이러한 지역의 변화로부터 회복불가능한 내상을 입게 된다.

다리를 중심으로 한쪽은 전민동의 연구단지가 다른 한쪽은 읍내동의 공업단지가 있는 두 개의 공간은 정신노동/육체노동, 부유함/빈곤만이 아니라 진보/후진, 명예/수치마저 상징한다. 최신의 고층아파트, 명문고등학교, 연구단지의 석박사들을 인적 구성으로 하는 전민동은 존엄한 인간의 땅이다. 반면에 오래된 빌라가 몰려 있고 서민들을 인적 구성으로 하는 읍내동은 이마에 찍힌 도망 노예의 표식처럼 '실격'을 뜻한다. 그래서 강이의 부모는 공부를 통한 신분상승을 기대해 딸을 전민중학교에 위장전입시키고, 강이는 날마나 산 하나를 넘어 두 개의 공간을 오가는 비밀스러운 삶을 시작하게 되었다. 그녀는 읍내동에 대한 행복한 기억들을 가지고 있지만, 전민동에서 읍내동 사람이라는 것은 신분강등의 토대로써 그 정체성이 부정적으로 기술되는 것과 같기 때문에[16] 자신을 낳고 길러준 공간을 수치스러워하고 부인해야 할 상황에 놓인다. 읍내동에 산다는 것은 난민이나 무국적자처럼 인간의 존엄성을 거부당하고 '벌거벗은 인간zoe'이 되는 것과 다르지 않다. 전민동에서 "읍내동 사는 주제에"(162)라는 말은 주먹을 쓰지 않고도 상대방을 "병신"처럼 무력화시킬 수 있는 강력한 위협이다. 그래서 강이는 집을 좋아하지만 '읍내동'을 떠나고자 한다. 진실을 감추거나 거짓되게 연기하고, 자기 존재에 대한 강요된 수치심을 수락한다면 "병신"이 될

16 센에 의하면 우리의 개인 정체성을 주장할 자유는 때때로 터무니없이 제한될 수 있다. 우리가 스스로를 어떻게 바라보느냐에 상관없이 말이다. 우리는 다른 사람들이 우리의 정체성을 어떻게 규정하고 있는지 충분히 깨닫지 못할 수 있으며, 그것은 우리 자신의 이해와 다를 수 있다. 우리를 스스로 생각하는 자신의 모습과 다르게 만들기로 결정한 타인들에 의해 우리의 정체성은 조작되고 박해와 매장의 토양으로 화할 수 있다. 아마르티아 센, ≪정체성과 폭력≫, 이상환 · 김지현 옮김, 바이북스, 2009, 40~42쪽.

수밖에 없기 때문이다.

성공 서사의 공식에 따르면 강이는 치욕을 도약대 삼아 공부에 매진해 월계관을 써야 한다. 비록 부를 물려주지는 못했지만 불법을 저지르면서까지 명문중학교에 입학시킬 수밖에 없었던 부모의 마음을 무겁게 받아 안고 공부 기계로 거듭나야 한다. 능력주의 사회에서 교육은 재분배를 위한 최선으로 여겨지지만, 기실 교육은 돈이 많은 사람들이 더 좋은 성과를 낼 수 있게 만드는 상품이다. 앞서 말했듯이 근대 국가에서 학교는 개개 구성원의 차이를 억누르거나 감추어 일체화된 국민을 탄생시키는 장소였다. 그러나 오늘날 학교는 서로 다른 계급이 섞이지 못하게 하는 단속 장치이자 특권을 '능력'으로 위조하며 차별을 질서나 정의로 둔갑시키는 알리바이, 즉 신자유주의의 제도다.[17] 거주지 분리를 통해 학교가 가난한 지역 학교와 부유한 지역 학교로 사실상 나뉘면서 교육은 계급 격차를 더욱 벌리는 결정적 수단이 되었다. 부유한 지역 학교의 '성공한' 부모들은 재정적 기여만이 아니라 다양한 형식의 재능 기부를 함으로써 자녀들이 경쟁에서 좀 더 쉽게 우위를 차지할 수 있도록

17 퍼트넘은 미국의 1950년대와 현재를 비교하면서 빈부의 양극화가 교육과 양육에 반영되어 소위 '아메리칸드림'을 파괴하고, 이것이 민주주의의 위기를 만들어내고 있다고 비판한다. 1950년대만 하더라도 가난한 사람은 가난하고 부유한 사람은 부유했지만 두 계급이 완전히 분리되어 살지 않는 '사회적 혼합'이 존재했다. 두 계급이 완전히 분리되어 살지 않게 만들었던 확실한 제도 중의 하나가 '학교'였다. 학교에는 가난한 학생과 부유한 학생이 뒤섞여 있었다. 로버트 D. 퍼트넘, ≪우리 아이들 — 빈부격차는 어떻게 미래 세대를 파괴하는가≫, 정태식 옮김, 페이퍼로드, 2017, 11–22쪽.

학교를 직간접적으로 후원할 수 있지만 가난한 부모가 학교에 해줄 수 있는 것은 많지 않을 것이다.[18] 따라서 강이는 분별력 있게 판단해 학교를 능력치를 높일 수 있는 외부 장치로 여기고 모범생이 되어야 하는 것이다. 그러나 학교는 과연 소외된 학생부터 특혜를 누리는 학생에 이르기까지 모든 학생에게 동등한 교육 기회를 제공하고 능력과 성실함으로 가장 뛰어난 자격을 갖춘 학생들이 가장 높은 자리에 앉게 할 수 있을까?

강이는 분별력 있게 자신이 어떤 절차와 제도를 활용할 수 있는지 판단하기보다 극도의 혼란과 당혹감 같은 정동에 사로잡힌 것처럼 보인다. 강이의 가출은, 빈곤 계층의 자녀들은 단지 양질의 교육 기회로부터 소외되는 것만이 아니라 자신의 생애와 그 생애에 주어진 한계를 이해하고 기회의 사다리를 오르는 데 필요한 분별력을 갖추지 못함으로써 성공으로부터 멀어진다는 점을 보여주는 듯하다.[19] 그러나 강이는 루저가 되지 않기 위해 가출을 결정했다고 할 수 있다. 학교 교육은 적은 특권을 갖고 있는 아이들에 비해 많은 특권을 갖고 있는 아이들에게 좀 더 많은 성공 기회와 더 적은

18 거주하는 장소가 계급에 따라 확실히 분리되면서 장소로서의 학교는 계급 격차를 확대하는 구실을 한다. 과거 학교가 교문 밖과 단절되는 공간이었다면, 지금은 연결되어 학교 바깥의 장소가 지닌 혜택과 문제가 고스란히 반영된다. 로버트 D. 퍼트넘, 위의 책, 40쪽.

19 중산층의 공부 잘하는 우등생인 소영은 연예인의 꿈을 실현하기 위한 큰 그림을 그리며 부모를 실망시키기 위해 전략적으로 가출을 했다. 반면에 강이는 자신이 살아남기 위해 무엇을 해야 하며, 어떤 절차와 제도를 활용할 수 있는지 의식적으로 사유하지는 못했다.

실패 기회를 줄 것이기 때문이다. 학교는 구성원들에게 같은 교복을 입힘으로써 동질성을 강조하지만 기실 학생들은 다른 출발점에 서 있고, 차이는 노력으로 쉽게 좁혀지기 어렵다. 이러한 판단을 뒷받침하듯이 강이는 읍내동에서는 똑똑한 아이로 평가받았지만 전민동에서는 '루저'로 전락한다. 읍내동에서는 영어를 유창한 발음으로 읽는 아이가 놀림의 대상이 되지만 전민중학교의 영어시간에는 모두가 원어민일 만큼 교육의 격차, 즉 신분 격차가 크다. 아무리 물을 주어도 또 물을 주지 않아도 썩고 타들어 버리는 학교 화단의 꽃들에 대한 삽화처럼, 강이가 학교 교육을 발판으로 성공 서사의 주인공이 될 가능성은 희박하다. 강이는 가난하고 공부를 못하며, 위장전입이라는 비밀마저 숨기고 있어 음울한 아이로 자라날 것이다. 기적과 행운이 따르지 않는 한 강이는 세상과 타인의 배척, 조롱, 무시, 비하에 노출되며 무력하게 늙어갈 것이다. 그리고 그러한 경험이 반복되면 강이는 진짜 세상의 혐오를 받는 "병신"이 되어 버릴 것이다.

이렇게 보자면 강이의 가출은 일탈이 아니라 자기 자신을 지키기 위한 탈주이다. 가출은 격차 사회를 넘어 만인이 동등한 수평사회를 찾아나서는 탐사의 성격조차 띤다. "알지 못했던 다른 세상이 이 세상 안에 있다"(29)는 바람으로 그녀는 소영에 이끌려 가출

소녀가 되고 낯선 세상 속으로 뛰어든다. 강이는 막 당도한 대도시 서울에서 전민동 아이는 충청도 아이에 불과하고 서울 아이들도 한국을 벗어나면 촌스럽게 보일 수밖에 없다며 '전민동'은 세상의 기준이 아닐 것이라고 기대한다. 그러나 서울역에서 종로 다시 청주로 이어지는 가출의 여정에서 신분사회의 바깥을 찾지 못한다. 낭만적인 로드 무비에서처럼 세상에 실망한 소녀를 성숙으로 이끌어줄 스승은 존재하지 않으며 유토피아에 대한 이야기는 들려오지 않는다. 이렇다 할 희망을 찾지 못한 채 강이는 "집 나오면 병신이 된다"고 주장하는 소영에 이끌려 다시 학교로 되돌아온다. 그러나 다시 돌아온 학교에서 강이는 소영의 끈질긴 공격과 치밀한 계획으로 또래집단에서 '왕따'로 전락하고, 아람과 함께 다시 가출 소녀가 된다. 그러나 아람이 적금을 챙겨 사라지자 다시금 고향으로 되돌아와 자신을 모욕한 소영을 파괴하기 위해 복수에 나선다. 강이는 배우로 막 활동을 시작한 소영을 칼로 찌름으로써 반사회적인 일탈과 반항으로 존엄한 인간의 무리로부터 자발적으로 탈락한다. "병신"이 되지 않기 위해 자신의 인생 전체를 내건 비극적인 투쟁에 매달리는 것이다. 강이와 소영의 갈등과 적대는 면밀한 해석을 요구한다. 먼저, 그것은 사회적 약자들, 특히 우정을 이상화 · 신비화해 온 문화적 관습을 풍자하는 듯하다. 동맹을 맺어야 할 만큼 큰 재력이나 명예가 없다면 관계는 유리처럼 쉽게 금이 가고 애착은 증오로 변하기 쉽기 마련이다. 위계 사회에서 힘을 갖지 못한 수평 집단들은 서로가 서로를 대상으로 한 사랑/증오, 선망/시기가 복합적으로 뒤얽힌 투쟁에 내몰릴 가능성이 높다. 그러나 이 소설은 또래 집단의 사랑/증오가 뒤섞인 우정의 서사로 충분히 해명되지 않는다. 강이나 아람과 비교할 수 없을 만큼 계급적 우위에 있는 소영은 먼미래에 자신의 꿈을 실현하기 위한 기획의 차원에서 가출을 했고, 강이의 의혹처럼 바둑돌을 두듯이 강이와 아람을 활용했다. 가족과 소속을 잃고 모두가 공평하게 비루해졌던 가출의 기간 동안에도 소영은 강이와 아람과의 관계에서 우월적 위치를 포기하지 않았다. 그럼에도 불구하고 강이는 열패감과 선망으로 인해 소영에게 이끌려 다닐 수밖에 없었다.[20] 강이는 소영의 뛰어난 성적, 아름다운 외모, 세련된 몸짓을 선망하고 그녀가 자신을 멸시할까 늘 두려웠기 때문이다. 소영은 강이의 이상이기 때문에 자신의 "병신"스러움을 아프게 비추는 거울이었던 것이다. 학교라는 소속조차 갖지 못했지만 강이는 새로운 적응을 시도하는 대신에 자신을 모욕한 소영을

20 이야기가 후반에 이르면 두 소녀는 서로를 향해 침을 뱉고 머리를 쥐어뜯고 눈에 흙을 쑤셔넣고 주먹을 날리는 투쟁을 반복한다. 소녀들의 유혈극은 미친 호르몬의 파워가 아니라 사회적 불공정과 불평등을 능력의 문제로 호도하는 정치의 기술들로부터 또래 집단이 안전하지 않음을 암시한다. 다른 한편으로 강이와 소영의 갈등은 소녀, 즉 여성의 미성숙한 기질 혹은 인격을 보여주는 증거가 아니라 능력주의 이데올로기와 고결한 삶의 압력에 노출된 사회적 약자들이 겪게 되는 혼란과 고통을 보여주는 것으로 해석되어야 한다. 소영은 벽장 속 레즈비언일 가능성이 높은데, 이는 소녀들의 갈등을 탈정치화, 즉 개인화하는 것이 아니라, 고결함의 범주 바깥에 선 사회적 타자들이 겪는 혼돈에 대한 예민한 관찰로 간주되어야 할 것이다.

응징하려는 일탈적이고도 대범한 계획을 세운다. 범행이 계획에 그치지 않고 실행될 수 있었던 것은 "나는 소영이 아름답다고 생각했다"는 서술이 암시하듯이 칼로 찌르는 순간조차 강이는 소영이 가지고 있거나 속해 있는 이상적인 세상에 대한 선망과 동경을 벗어날 수 없었기 때문이라고 할 수 있다. 따라서 강이는 소영이 아니라 세상이 가하는 수치심에 익숙한 스스로를 벌한 것이다. 강이는 범죄를 저질렀기 때문에 소년범이 되어 사회로부터 완전히 제거될 것이다. 그러나 강이는 이렇듯 외롭고도 비장한 투쟁을 통해 스스로를 정상사회로부터 실격시키고 괴물인 양 길들여지지 않는 자아를 비로소 찾아낸 것이다.

다른 한편으로, 소영의 강이에 대한 투쟁은 선망/시기의 문제로 해석되지 않는다. 세 소녀 중 가장 미스터리한 인물은 소영이다. 외모가 뛰어나고 성적조차 최상위권인 소영은 학교 내에서 무시당하는 편인 강이나 아람과 붙어 다니지만 시험 기간에 맞춰 가출을 끝낼 만큼 사회적 인정 욕구가 강하다. 그러나 소영은 강이와 다른 이유로 실격의 불안에 시달리는 인물이라고 할 수 있다. 두 사람은 가출 기간 동안 허름한 모텔에서 서로의 몸을 탐하는 어린 연인들이었다. 그러나 강이가 천진난만한 아이처럼 성의 유희에 몸을 맡겼다면, '정상성' 규범을 이상화하는 소영은 자기 안의 이질적인 욕망, 즉 레즈비언 섹슈얼리티에서 훨씬 더 큰 충격과 자기 혐오를 느꼈을 가능성이 높다. 소영은 정상성의 범주로부터 이탈한 오염되고 불법적인 존재, 즉 인간실격자가 되지 않기 위해 자신의 레즈비언 섹슈얼리티를 감추어야 했고, 그래서 자신의 무의식이 향하는 욕망의 대상이자, 자신의 불결과 오염을 가장 가까이에서 지켜보고 공유했던 강이를 "읍내동 사는 주제에"(162)라고 시비를 걸어 파괴해야만 했던 것이다. 소영은 강이를 회복불가능한 "병신"으로 만들어 버림으로써 자신을 강이와 같은 인격실격자의 무리로부터 분리시키고자 한다.

소영에게 '왕따'를 당하고 다시 가출한 강이가 술집에서 일하며 키우는 '투어'는 청소년 하위문화에 대한 서글픈 은유다. '투어'는 거울을 보여주면 지느러미를 펼치고 자기의 모습을 보며 싸우는 물고기의 어종이다. '투어'가 자신을 대상으로라도 싸우는 것은, 싸우지 않으면 지느러미가 퇴화하고 결국 바닥 깊이 가라앉아 부패할 것이기 때문이다. '투어'는 순응을 체화한 성인들과 달리 청소년의 야생성, 즉 반항과 저항의 에너지를 보여준다. 그러나 미성년으로서 청소년들은 현실을 의미있게 변경시킬 수 있는 자원을 거의 가지지 못하기 때문에, 반항은 결과적으로 무익하고 분별 없는 일탈로 귀착될 수밖에 없다. 특히 "문제아"로 불리는 청소년 '하위주체

subaltern'는 거칠고 폭력적인 방식으로 세상에서 가장 만만하기 때문에 동질적 집단을 향한 투쟁에 몰두하는 어리석음을 저지른다. 청소년기는 성장함에 따라 타자의 존재를 인식하면서 의미있는 구별짓기를 통해 개성과 정체성을 형성해 가야 할 발달 단계이지만 드높은 이상도 의미있는 타자도 발견하지 못한 채 동일성의 지옥에 갇혀 서로를 해치는 투쟁에 몰두하는 것이다.

나는 다시 먼 미래를 생각했다. 목숨을 유지하기 위해 흙을 퍼먹는 생활이 이어질 것이다. 우리는 땅 속에서 사는 지렁이 가족 같을 것이다. 하지만 나는 끔찍함에 익숙했다. 엄마와 내가 번갈아 가며 꾸어오던 악몽도, 시시때때로 떠오르는 기도도, 주기적으로 끓여먹는 된장찌개처럼 생활의 일부가 될 것이다. 나는 웃었다. 엄마도 웃었다. 병신 같은 사람들에 병신으로 남을 것이다.

나는 최선을 다했다. 소영도 그랬다. 엄마도 마찬가지다. 떠나거나 버려지거나 망가뜨리거나 망가지거나. 더 나아지기 위해서 우리는 기꺼이 더 나빠졌다. 이게 우리의 최선이었다. 나는 이제 읍내동으로 돌아갈 수 없다. 읍내동을 벗어나고 싶었던 나의 소원도 이상한 방식으로 도래해 있었다. 언제 그칠지는 알 수 없지만, 쉽게 녹아 사라지진 않을 눈이 내리고 있었다. 이상하고, 무섭고, 어떻게 해야 하는 건지 모를 정도로 좋은, 함박눈이었다. (173-174)

앞서도 말했듯이 ≪최선의 삶≫은 교화 혹은 교정되어야 할 청소년의 어리석음에 대한 이야기가 아니다. 위의 인용문은 강이의 소영을 향한 공격이 "병신"이 되어 세상에 무릎을 꿇지 않기 위한 투쟁이었음을 뜻한다. 그것은 비록 왜곡된 것이지만 "목숨을 유지하기 위해 흙을 퍼먹는 생활" 즉 인간 이하의 타자로 전락하지 않기 위한 투쟁이었다. 강이가 다시 가출을 시도한 것도 학교 생활, 즉 실패한 인간의 대열에 끼어 모욕에 익숙해지는 것이 두려웠기 때문이다. 강이는 인간의 삶으로부터 밀려나지 않기 위해 자폭하는 테러리스트의 심정으로 세상에 부딪힌 것이다. "떠나거나 버려지거나 망가뜨리거나 망가지거나. 더 나아지기 위해서 우리는 기꺼이 더 나빠졌다"는 서술은 강이의 반란이 단순한 일탈이 아니라 자신을 지키기 위한 "최선의 삶"이었음을 의미한다.[21] 강이는 자신을 부서뜨리면서 역설적으로 자신이 결코 "병신"이 아님을 주장하고 증명했던 것이다.

3. 은둔하는 삶과 취약한 자들의 연대 가능성

≪최선의 삶≫은 체제에 저항하기 위해 자신을 부서뜨려야만 하는 소녀의 곤경을 보여주었다. 저항은 비장했지만 삶은 부서지

21 강이와 소영이 전투를 벌이면서까지 지켜야 할 게 있다면, 아람은 사실상 실격처리된 존재다. 그녀는 가정폭력을 비롯해 학대와 강간의 피해자이고, 유흥산업과 성매매는 그녀의 현재이자 쉬이 변경할 수 없는 미래다. 아람은 강간을 당하고 우는 대신 "너네도 더러운 꼴 당할 거 아냐. 어디서 뭘 하고 살든 더러운 꼴은 볼 수밖에 없는 거거든"(71)이라고 말한다. 체념하는 것 외에 다른 방법이 없을 만큼 사회적으로 취약하기 때문이다. 아람의 이야기는 쓰이지 않았다고 볼 수 있다.

고 희생되었다. 그러나 창작집 ≪눈과 사람과 눈사람≫과 이후 발표된 작품들에서는 실격당한 자들의 소생을 위한 예리하면서도 현실적인 탐사가 이루어진다. 임솔아의 인물들은 전작에서보다 나이를 먹었지만 여전히 불안정한 청춘의 무게를 짊어지고 있다. 내세울 만한 가족, 학벌, 사회자본 없이 아르바이트를 전전하거나(〈병원〉, 〈다시 하자고〉), 부서진 귀퉁이나마 세상의 한 자리를 찾았나 싶었지만 재기-회복을 꿈꾸는 누군가의 먹잇감이 되거나(〈뻔한 세상의 아주 평범한 말투〉) 뒤늦게 대학에 들어가거나 소망하던 작가가 되지만 여전히 곤궁하고 세상으로부터 상처를 입는다(〈손을 내민다〉, 〈그만 두는 사람들〉 등).[22] 그러나 이들은 명예 결투에 나선 기사처럼 유서를 쓰고 비장한 투쟁에 나서는 대신에, 스스로를 실격처리하듯이 물러나 아무도 찾지 않을 곳으로 떠나는 한편, 타자와의 연대 가능성을 찾으려고 한다.

근대성의 상징적 형식으로서 교양소설의 젊은 주인공들은 자기 삶에 의미를 주고 목적을 부여하기 위해 부단히 추구하고 탐색하며, 고귀한 가치들을 지키고 실현하기 위해 수많은 난관들에 부딪히고 도전하면서 자기를 발명해 가는 '탁월성'의 화신들이었다.

22　임솔아, 〈병원〉, 〈다시 하자고〉, 〈뻔한 세상의 아주 평범한 말투〉, ≪눈과 사람과 눈사람≫, 문학동네, 2019; 임솔아, 〈손을 내밀었다〉, ≪몬스터: 한낮의 그림자≫, 한겨레출판, 2020; 임솔아, 〈그만두는 사람들〉, ≪창작과비평≫ 48(1), 2020. 이후 작품 인용시 본문 괄호 안에 쪽수로 표기함.

따라서 누군가는 임솔아의 소설을 읽으며 '교양'의 부재, 성숙의 불가능성을 우려하고, 청년들에게 더 많은 희망과 용기를 불어넣어야 한다고 주장할지 모른다. 〈손을 내밀었다〉의 배경인 A예술대학의 대학 본부에서는 네 명의 학생들이 자살하자 자살 고위험군들을 추출하고 집중 관리의 차원에서 성공한 예술가들을 초청해 학생들에게 열정을 불어넣기 위한 특강을 시행한다. 또한 대학의 총장은 경비원에게 분분히 날리는 벚꽃잎을 쓸어 모아 교정에 '사랑해요'라고 쓰게 한다. 그러나 격려나 응원의 말이 깊은 밤에 깨어 목매달고 싶은 충동으로부터 삶을 지켜줄 것이라는 발상 자체가 '신박'한 것은 아닐까? 많은 청년들은 더 이상 위기를 자신의 잠재역량을 이끌어 낼 수 있는 기회로 받아들이지 않으며 슈퍼히어로를 흉내내려고 하지도 않는다. 이는, 이들을 트라우마 세대로 명명하고 사회가 보살피거나 교정할 대상으로 대상화하지 않으면서, 사회가 이야기하는 '윤리적 거짓'과 불화하며 대안적 삶의 지평을 찾아가는 탐색자로 볼 필요가 있음을 뜻한다.

임솔아의 문학은 낙오에 대한 불안과 공포를 다독이는 위안과 공감이 아니라 사회에 대한 냉정한 응시를 통해 낙오나 탈락을 자기 구원의 방략으로 선택하는 실격의 서사다. 작가 자신의 말을 빌자면 '사람의 자격'이라는 것 자체가 누군가를 괴물, 즉 비인간으로 만들어 내기 위한 의자 놀이와 다를 바 없기 때문이다.[23] 세상이 청년의 취약성을 외면하고 자기 책임을 강요하며 기만하기 때문에 순응을 거부하는 것이다. 〈병원〉은 "나도 모를 아픔을 오래 참다 처음으로 이곳에 찾아왔다. 그러나 나의 늙은 의사는 젊은이의 병을 모른다. 나한테는 병이 없다고 한다. 이 지나친 시련, 이 지나친 피로, 나는 성내서는 안 된다."(윤동주, 〈병원〉)[24]는 시구처럼, 아프지만 공감하거나 진단을 내리고 처방전을 주기보다 아픔을 개인화하고 은폐하기에 급급한 사회를 비판하는 작품이다. 주인공 유림은 부모의 지원을 기대할 수 없는 취약계층이지만 자신을 가련한 소년소녀가장으로 타자화하기보다 베이커리 아카데미의 수습생으로 일하며 자력갱생을 시도한다. 그러나 튀김기 사고로 몇 천만 원에 달하는 비용을 물게 되자 자살을 시도한다. 수료증을 받지도 못한 채 해고되어 취업의 전망이 어둡고, 곧 성인이 되면 기초생활수급비마저 받지 못해 생계가 막막하기 때문이다.

자살이 미수에 그쳐 막대한 병원비마저 떠안게 된 유림은 보험 혜택을 받기 위해서 의사에게 정신질환자로 진단해달라고 부탁

23 편집자와의 인터뷰에서 임솔아는 "당신이 생각하는 몬스터는 어떤 모습인가요?"라는 질문에 "사람이라는 자격도 의자놀이 중인 것은 아닌지요. 자기 자신이 사람의 자리를 차지하기 위해서 괴물이라는 단어를 만들어내는 것은 아닌지요."라고 답한다. 임솔아, ≪몬스터: 한낮의 그림자≫, 198쪽.

24 윤동주, 〈병원〉, ≪하늘과 바람과 별과 시≫, 인물연구소, 1979, 21쪽.

한다. 그러나 정신과 의사는 유림의 기구한 자기 구원의 전략에 난색을 표하며 "윤리적인 거짓"을 내세워 정신상태가 건강함을 증명한다면 정신질환 판정을 내려주겠다고 제안한다. 의사가 내세운 "윤리적 거짓"은 기성 사회가 불편한 진실을 직시하기보다 숨기고 억압한다는 것을 암시한다. 정신적 건강함을 증명하도록 요구함으로써 사회적 책임을 부인하고 '실격자'들이 사회적 위험 요인이 되지 않도록 '관리'하고자 하기 때문이다. '보살핀다는 것'은 혐오 대상에 대한 관용 표현이나 주체의 선함을 보여주는 우월적 표지가 아니라 아픈 사람에 대한 사회적 인정과 책임의 표현이어야 한다. 그러나 성과와 생산성을 가치화하는 능력주의 사회는 실격을 당사자의 개인사적, 가족사적 문제로 축소한다. 결국 이렇다 할 선택권이 없는 유림은 자신을 가여운 소녀 가장으로 타자화하고 사회적 호의를 자살로 갚고자 한 배은망덕을 후회한다는 거짓 편지를 써 병원비를 면제받는다.

유림은 자신을 정신질환자로 등록함으로써, 아마도 사회적 진입에 더욱 어려움을 겪을 것이다. 그러나 어쩌면 유림은 성년을 앞두고 세상으로부터 쓰라리지만 어쩌면 유용한 선물을 받았다고 할 수 있을지 모른다. 세상의 응원이 윤리적 폭력이 되어 사회적 약자들을 병들게 하는 함정이 될 수 있기 때문이다.

〈다시 하자고〉에서 프레카리아트 청소녀이자 레즈비언인 지은은 룸메이트인 주희와 함께 사는 좁은 원룸텔을 꾸미는 데 열정을 쏟는다. 셀럽들이 향유하는 '굿 라이프'를 선망하기 때문에 침대 프레임을 분해하고 텔레비전만한 별자리 지구본을 구매한다. 그러나 방꾸미기는 지은이 원하는 세련되고 고상한 취향을 보여주기는 커녕 초라한 현실을 우스꽝스럽게 비춘다. 늘 "다시 해보자"고 외치는 지은의 드높은 이상과 열정은 결국 그녀를 깊은 혼돈으로 이끈다. 지은은 주희의 이름조차 헷갈려하고, 원룸텔을 아파트라고 부르는 정신병적 징후마저 보인다. 눈으로 색깔 구별을 할 수 있지만 뇌가 인지를 거부해 색맹이 되어버린 고양이 에피소드처럼 지은의 착오 혹은 망상은 "일종의 의지"(77)였다. 궁극에 마주하게 될 미래가 무엇인지 알지만 현실을 회피하고자 했던 것이다. '더 나은 삶'은 깊은 수렁과도 같은 현실을 감추는 이데올로기이다.

지은의 현실 부정은 저항이라고 해석될 수도 있을 것이다. 지은의 룸메이트인 주희는 원룸텔을 원룸텔로 지각하고 누구도 구조하지 못할 것을 알면서도 인명구조요원 자격증을 취득하기 위해 준비한다. 자신이 가질 수 있는 것만 욕망하는 주희는 "너만 끝까지 착한 년이지"(60)라는 지은의 비난처럼 세상에 착실하게 순응해가는 것처럼 보인다. 그러나 임솔아는 지은의 현실 거부를 저항으로

미화하지 않고 그녀를 통해 청년들을 곤경에 빠뜨리는 사회적 기만을 가시화하고자 한다. 가령, '좋아하는 일을 한다면 누구나 성공할 수 있다' 같은 신자유주의의 상투어들은 위장되고 은폐된 엘리트주의에 불과하다. 좋아하는 일만 하다가는 해변가의 스티로폼처럼 어딘가로 떠내려 갈 게 뻔하지만 조직화된 혹은 구조적인 차별을 은폐하기 위해 열정을 발휘하라고 선동하는 것과 다르지 않다. 이렇듯 기성 사회가 이야기하는 '좋은 삶'이나 '정상/비정상'의 잣대를 '윤리적 거짓'으로 명명하며 비판하는 것은 지속가능한 생존의 전망을 얻기 위해서라고 할 수 있다.

〈뻔한 세상의 아주 평범한 말투〉는 "선한 폭력"의 사회에서 재앙을 피하고 싶어하는 연약한 정신의 소유자 혹은 섬세하고 약하기 때문에 타인의 인정에 기대는 이들이 커다란 함정에 빠질 수 있음을 보여준다. 기정은 청년 셰프의 사회적 자립을 위한 프로그램의 이수자로 발탁되어 충청도의 한 시골 마을에서 수프 카페 '오디너리' 1대 사장으로 살아간다. 말이 사장이지 월 50만원을 벌지만 그곳은 세상으로부터 실격당한 그녀가 죽음으로 향하지 않고 살아갈 수 있는 방공호다. 그러나 기정이 어렵게 찾은 이 공간의 평화는 청소년 사업가의 정신적 후원자를 자처하며 관에서 파견된 윤선미가 등장하며 깨진다. 경력단절녀이자 이혼녀인 윤선미는 청년자립

프로그램의 담당공무원을 유혹해 기정의 자립을 후원한다는 명분으로 기정의 삶에 끼어들고 보살핌과 사랑마저 내세워 그녀를 길들이고자 한다. 윤선미에게는 숨 쉬는 모든 순간이 다 거짓이며, 관계는 비즈니스의 수단일 뿐이다. 그녀는 자신의 과거를 필요에 따라 수시로 변경하고 레즈비언 섹슈얼리티를 숨긴다.

"아프다는 게 뭔지 아니. 정상이 아니라는 거야. 정상이 아니면 사람이 아프게 되는 거야. 정상이 되고 싶은 건 욕망이 아니라 균형감각이야. 인간은 항상 회복을 지향하도록 되어 있어. 정상일 때에는 자기가 정상인 데 둔감하지만, 비정상이 되고 나서는 정상이 무엇인지를 뼛속 깊이 생각하고 갈망하게 되는 법이야. 갈망이 신호를 보내는 게 아픔인 거야. (…) 비정상인 상태가 괴로운 건 자기만 아프다고 생각할 수밖에 없다는 것이고. 그래서 회복되고 싶었어. 아프지 않으려면, 정상으로 돌아가야가만 했어." (102-103)

윤선미는 타인이 원하는 모습을 읽고 연기하며, 기정에게 사랑을 속삭이면서도 그녀의 등에 칼을 꽂는다. 그러나 위의 인용문이 보여주듯이 윤선미는 타고난 악녀가 아니라 사람들에게 호감을 얻고 사회로부터 내처지지 않기 위해 거짓말을 할 수밖에 없는 불행한 인물이다. 벽장 속의 동성애자이자 이혼녀인 그녀는 자신의 정체성들이 타인에게 실패나 비정상으로 읽힌다는 것을 잘 알고 있기 때문에 자신의 연인이기도 한 기정을 이용한다. 윤선미가 기정을 길들이는 방식은 사회가 실격자들을 관리하는 방식과 유사하다. 기정의 어눌한 말투, 안짱걸음, 굽은 등, 아침을 거르는 것 등 단점을 적발해 비정상으로 몰아세우고 후원의 이름으로 말 잘 듣는 무기력자, 즉 "병신"으로 만들어내는 것이다. 청년 셰프의 사회적 자립을 위한 프로그램 역시 기만적이기는 마찬가지다. 기정은 2년 간 무급으로 노동력을 제공하는 것을 조건으로 오디너리의 사장이 됨으로써 시골 경제의 활성화라는 관의 목표를 실현하는 데 '사용'되었기 때문이다.

이렇게 보자면 윤선미와 기정 모두 '선한 폭력'의 희생자라고 할 수 있다. 윤선미는 승자만을 인정하는 사회에서 좌절한 자가 빠지기 쉬운 유혹과 곤경을 보여주는 인물이다. 그녀는 사람들에게 거부당하지 않기 위해 매 순간 자신을 부정해야만 했던 기정 자신의 더블double이다. 기정 역시 실격자가 되지 않기 위해 발버둥쳤다. 그러나 "정상이라는 것은 계급이고 권력"일 뿐, "정상이라는 것이 실재하지 않는다"(118)는 것을 깨달았기 때문에 함정에서 빠져나올 수 있었다. 정상을 흉내내고 정상적인 사람이 되려고 하면 할수록 아프게 되는 역설의 구조에서 빠져나온 것이다. 그래서 그녀는 가게 선반에 마치 귀중한 보물처럼 부서진 타일 조각을 소중하게 올려 두었던 것이다. 기정은 윤선미를 증오하기보다는 연민하며 정성스레 수프를 끓여 둔 채 회복을 기원하며 길을 떠난다. 그녀는 캄캄한 저수지나 가로등이 꺼진 길을 무서워하지 않는다. 기대할 게 없을 때 비로소 다시 시작할 수 있기 때문이다.

임솔아의 주인공들은 더 아프지 않기 위해 세상의 중심으로부터 먼 곳으로 자꾸만 떠난다. 그러나 그녀들은 한편으로 밀려나고 다른 한편으로 도주하면서 세상의 중심으로부터 멀어지지만 희미한 불빛처럼 흔들리는 서로의 안부를 묻는 일을 게을리 하지 않는다.[25] 예술대 학생들의 취약성을 그린 〈손을 내밀었다〉가 잘 보여주듯이 남다른 독창성, 드높은 이상을 추구할수록 죽음으로 떨어지기 쉽다. 그래서 이들은 화려한 대도시로부터 힘 있는 집단이나 권력 욕망으로 들끓는 사람들 사이에서 물러나 자취를 감춘다. 또한 〈선샤인 샬레〉에서 "거짓 고난과 거짓 깨달음과 거짓 열정을 지어"(164) 낸 자기소개서를 썼지만 취업에 실패한 '나'는 "아무도 찾아낼 수 없는 곳"인 휴양지 선샤인 샬레의 리든 롬 빌라의 서버로

25 손희정에 의하면, 개인을 관계로부터 탈각시켜 파편화시키고 개인의 자유와 개성을 강조함으로써 소비주체화시키려고 했던 자본주의, 그리고 공동체 내에 축적된 지식이나 노하우 같은 전통적 가치를 해체함으로써 유동성을 확보하려는 신자유주의의 통치성에 의해 민주주의의 외부가 없는 세계가 초래되었고, 개인들은 폐소공포증 속에서 고립, 파편화되었다. 정치적으로 주체가 될 수 없고, 사회적 구성원으로서 인정을 받을 수 없을 때, 그렇다고 해서 불안하고 불안정한 삶으로부터 피해 도망가거나 그런 상황 속에서 의지할만한 관계조차 찾아볼 수 없을 때, 개인은 자신의 정체성을 확인하고 '힘을 가진 자'로부터 그것을 인정받기 위한 처절한 인정투쟁에 몰두하기 시작한다. 따라서 약자가 혐오를 내면화하지 않고 실존적 공백과 공허를 벗어나기 위해서는 관계나 공동체들이 필요하다. 손희정, 〈혐오의 시대 — 2015년, 혐오는 어떻게 문제적 정동이 되었는가〉, ≪여/성이론≫ 32호, 여성문화이론연구소, 2015, 20, 27쪽.

살아간다. 또한 〈그만두는 사람들〉에서 작가인 '나'는 "그저 글을 쓰면서 살아가는 것"이 소원이었지만 작가가 되고 문단 권력에 실망해 글쓰기를 그만두고 싶어지자 무리를 이탈해 바다를 건너 무인도로 향하는 노루처럼 관광객의 발길이 드문 은돌 해변을 찾아든다. 세상의 중심과 거리가 먼 아무도 찾아낼 수 없고 찾아올 이유조차 없는 곳에서 은둔하는 것이다.

'나'가 문학을 그만두지 않고 계속할 수 있었던 것은 실격을 두려워하지 않았기 때문이다. '나'는 글 쓰는 일을 멀리하고 다른 일자리를 구하기 위해 이력서를 쓴다. 화단에 실망해 다른 일을 갖고 싶었지만 그만두지 못했던 화가가 결국 자살한 것처럼, 버티려고 한다면 오히려 삶을 지킬 수 없을 것이기 때문이다. 여성 간호장교로 6.25 전쟁기에 한국에 왔지만 전후에도 본국으로 돌아가지 않고 노루섬에 남았던 미국인 사비나가 가꾼 정원은 '실격'에 대한 인상적인 알레고리다. 사비나가 사망 후 그녀의 군락지에서는 식물과 절멸 위기종이 대거 발견되었다. 지독한 병충해가 발생해 섬의 식물들이 죽어갈 때 사비나가 정원을 지킬 수 있었던 것은 완전한 보존을 기대하지 않고 무엇을 포기할지를 결정했기 때문이다. 사비나가 끔찍한 기억에도 불구하고 오래도록 삶을 이어갈 수 있었던 것 역시 국민으로부터의 탈락을 두려워하지 않았기 때문이었다. 사비나는, 한국전쟁기에 아군에게 살해당한 동료의 죽음이 자신의 모국에 의해 향수병에 의한 자살로 각색되는 것을 목도하며 환멸에 빠진다. 전쟁이 끝난 후 사비나는 동료의 죽음에 담긴 진실을 밝히고, 모국으로 귀환하는 대신에 한국의 노루섬에서 푸른 눈의 이방인으로 사는 것을 택했다.

임솔아의 주인공들은 깊이 상처 입고 자기폐쇄적인 삶을 살아가는 사람처럼 보이기 쉽다. 그러나 고립이 예찬되거나 신비화되고 있다고 보기 어렵다. 〈선샤인 샬레〉는 자살자의 시체가 떠오르는 마지막 장면을 통해 완전한 고립의 위험성을 경고한다. 페미니즘 리부트 이후 한국 여성문학을 설명할 수 있는 키워드 중의 하나가 '연대'라고 한다면 임솔아 문학도 예외는 아닐 것이다. 〈손을 내민다〉에서 예술대생들은 서로 뜨겁지는 않지만 안부를 물으며 서로를 챙긴다. 〈그만두는 사람들〉에서 소설가인 '나'의 화가 친구는 자신의 동료 화가가 자살하자 그에게 그만두어도 된다는 말을 해주지 못한 것이 미안해 자신도 미술을 그만두려고 한다. 그만두는 것이 실패나 의지 부족이 아니라 '선택'으로 받아들여지기를 바라는 것이다. 화자 친구의 이야기에 공명하듯이 '나'는 대학시절 잠깐 알았던 재연의 마음의 불안을 외면하지 않는다. '나'는 스웨덴으로 유학을 떠난 재연이 낯선 곳에서 회복하고 성장할 수 있도록 이메일 주문을 받아 그녀가 그리워하는 한국에서의 삶을 대신 살아준다. 온도가 너무 뜨거운 사람들 간의 진저리나는 소속감으로부터 벗어나기 위해 유학을 간 재연이 향수병으로 포기하지 않고 낯선 곳에서 살아갈 수 있도록 응원하는 것이다. 이러한 연대는 비록 느슨한 것이지만, 사소하지만 위태로운 흔들림들로부터 버텨내는 방파제 역할을 한다는 점에서 얄팍하다거나 피상적이라고 하기 어렵다.

나카지마 요시미치는 청년들에게 타인과의 유대를 형성하되 타인의 침해로부터 자기를 지키기 위해 제멋대로 할 수 있는 공간을 확보하라고 조언한다. 지금 일본의 청년들은 타인, 즉 세상과 너무 깊이 접속되어 있어 너무 많은 응원과 기대라는 이름의 흉기에 노출되어 있다는 것이다. 그래서 세상과 접속하되 지나치게 관계가 농밀해지는 순간을 피하기 위해 칸트의 "비사교적 사교성"[26]을 흉내내어 관계의 '온오프'를 조절하라고 말한다. 그가 권유하는 이상적인 삶은 타인과 세상의 요구에 섬세하게 응답하기보다 적당히 무심한 거리를 취하고, 절반은 은둔하는 삶이다. 비록 "타인을 소파나 쿠션처럼 그의 생활을 쾌적하게 해주는 '설비' "[27]처럼 써먹는 '비사

26 나카지마 요시미치는 "인간은 '사회를 형성하고자 하는 성질'과 '자신을 개별화하는(고립시키는) 성질' 둘 다를 가지고 있다. 즉 인간은 완전히 혼자 있을 수 없지만 그렇다고 타인과 함께 있으면 불쾌한 일뿐이다. 그 결과 누구나 "도저히 못 참겠지만 싹 갈라설 수는 없는 동료"에 둘러싸인다"라는 칸트의 말을 가져와 인간에게서 이성과 자율성을 앗아가는 인간관계로부터 벗어나 자기자신을 지적, 도덕적으로 향상시키라고 강조한다. 나카지마 요시미치, ≪비사교적 사교성≫, 심정명 옮김, 바다출판사, 2016, 23쪽.

27 위의 책, 24쪽.

교적 사교성' 개념이 권장할만한 가치가 있는지는 의문이지만 이데올로기의 폭격으로부터 삶을 지키기 위해서는 세상과 거리를 두고 자기만의 사유 공간을 확보하라는 것은 지극히 온당한 조언임이 분명하다. 둔감하지 못해 마음이 약하다면 '인싸'보다는 '아싸'가 되는 게 자기를 지키기에는 더 나을 것이기 때문이다. 나카지마 요시미치가 조언하듯이 마음이 약해지지 않고 심지어 세상의 말을 잘 안 듣는 "못된 사람"이 될 수 있는 이는, 처음부터 강자였던 사람들일 가능성이 높다. 따라서 연대는 실격과 더불어 능력주의 사회를 살아가기 위한 새롭게 탐구해야 할 가치일 것이다.

4. 나자로의 부활을 꿈꾸며

최근 포스트페미니즘은 여성의 역량강화empowering를 위해 생물학적 젠더에 집중한다. 그런 입장은 남성의 자리를 여성의 자리로 대체한 것에 불과하다. 그것은 가부장제의 이분법적 위계질서는 전혀 손대지 않았다는 점에서, 남성중심주의의 미러링과 다르지 않다. 그런 이론 실천은 남성 대신 여성을 재중심화한다는 점에서 여전히 가부장제 프레임에 갇혀 있다. 지금 우리에게는 신자유주의 아래 각자도생하면서 자기계발에 편승하는 것을 넘어, 사회적 취약성과 상호의존성을 자긍심과 공생의 역량으로 전환시키는 새로운 상상력이 필요하다. 인간의 취약성이 점차로 증가하는 시대를 맞이하여 '실격'을 루저나 잉여와 같은 비하적 자조나 조롱의 대상으로 삼는 것을 멈추어야 한다. '실격'은 무한경쟁이 예찬되지만 기실 성장은 지체 중인 오늘의 현실에서 모든 인간의 피할 수 없는 조건으로서 취약성을 사유하는 철학의 언어이자 정치적 투쟁의 무기로 벼려질 필요가 있다. 이러한 맥락에서 볼 때 인간 실격이라는 주제에 주목하고, 실격을 사회적 주변인들이 삶을 지켜나갈 방안으로 제시하는 임솔아 문학의 문제의식은 경쟁과 혐오의 시대를 헤쳐나갈 유의미한 모색이다.

참고문헌

- 김현미, 〈코로나 19와 재난의 불평등〉, ≪코로나 시대의 페미니즘≫, 김은실 엮음, 휴머니스트, 2020.
- 나카지마 요시미치, ≪비사교적 사교성≫, 심정명 옮김, 바다출판사, 2016.
- 로렌 벌랜트, 〈잔혹한 낙관주의〉, ≪정동 이론—몸과 문화 · 윤리 · 정치의 마주침에서 생겨나는 것들에 대한 연구≫, 멜리사 그레그 · 그레고리 J. 시그워스 엮음, 최성희 외 옮김, 갈무리, 2015.
- 로버트 D. 퍼트넘, ≪우리 아이들—빈부격차는 어떻게 미래 세대를 파괴하는가≫, 정태식 옮김, 페이퍼로드, 2017.
- 마리 루티, ≪남근선망과 내 안의 나쁜 감정들≫, 정소망 옮김, 앨피, 2018, 59쪽.
- 손희정, 〈혐오의 시대—2015년, 혐오는 어떻게 문제적 정동이 되었는가〉, ≪여/성이론≫ 32, 2015.
- 송호근, ≪한국의 평등주의, 그 마음의 습관≫, 삼성경제연구소, 2006, 50-54쪽.
- 스티븐 제이 맥나이 · 로버트 케이 밀러 주니어, ≪능력주의는 허구다≫, 김현정 옮김, 사이, 2015.
- 아마르티아 센, ≪정체성과 폭력≫, 이상환 · 김지현 옮김, 바이북스, 2009.
- 이유림, 〈정서적 고통의 의미와 우울의 사회적 구성: 20대 '명문대' 여성의 정서적 고통과 우울증 경험에 대한 분석〉, 연세대학교 대학원 문화학협동과정 석사학위논문, 2015.
- 임솔아, 〈그만두는 사람들〉, ≪창작과비평≫ 48(1), 2020.
- 임솔아, 〈나자로〉, ≪계간 시작≫ 14(1), 천년의 시작, 2015.
- 임솔아, 〈손을 내밀었다〉, ≪몬스터: 한낮의 그림자≫, 한겨레출판, 2020.
- 임솔아, ≪눈과 사람과 눈사람≫, 문학동네, 2019.
- 임솔아, ≪최선의 삶≫, 문학동네, 2015.

- 임옥희, 〈코로나 팬데믹 시대, 이야기 배달꾼의 페다고지〉, ≪후마니타스 포럼≫ 6(2), 경희대학교 교양교육연구소, 2020.
- 하미나, ≪미쳐 있고 괴상하며 오만하고 똑똑한 여자들≫, 동아시아, 2021.
- 한병철, ≪피로사회≫, 문학과지성사, 2012.

여성 정병러의 소수적 감정 쓰기

5장

김은하

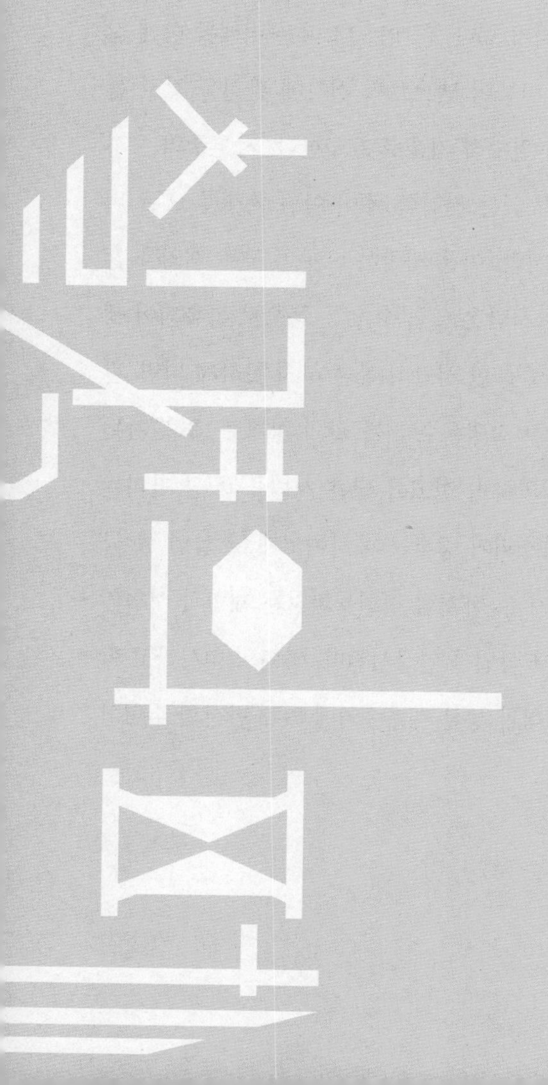

1. 삶을 위협하는 질병과 자기배려의 글쓰기

인간은 아프고 병들 수 있는 유기체로 이상적 상태에 미달하는 불완전함과 취약함을 피할 수 없다. 그럼에도 불구하고 아픈 사람은 인간실격자로 내몰리기 쉽다. 근대는 더 나은 미래를 향해 삶 전반을 조직하는 문화를 만들어 냄으로써 건강에 관심을 갖고 몸을 관리하는 것을 생존의 필수적 기술로 요구한다. 자본주의는 사실상 '생산적 노동을 할 수 있는 건강한 몸'이 아닌 존재를 모두 '비정상'으로 만들어 차별하지만, 아픈 사람은 오롯이 모든 책임을 혼자서 짊어져야 한다. 아픈 사람은 일할 수 없는 몸으로 분류되어 생산라인에서 배제되고, 이렇듯 한 사람의 몫을 하지 못하게 되면 '관계'마저 잃기 쉽다. "심각한 질병은 우리를 삶의 경계로 데려"[1]가는 것이다. 정신질환이라는 의학적 선고를 받은 사람들이 설 자리는 더욱 더 없다. 조현병, 아스퍼거 증후군이 사이코패스, 살인 등 극단적인 범죄와 결부지어져 온 바처럼 정신질환자는 개인과 사회의 안전을 위협하는 광인이나 악인을 연상시킨다. 낙인의 역사라고 할 만큼 정신질환은 국가 권력과 생산 자본주의에 의해 반사회적 현상

1 아서 프랭크, ≪아픈 몸을 살다≫, 메이 옮김, 봄날의책, 2017, 7쪽.

으로 규정되고, 심지어 우생학적 처치의 대상이 되어왔다.[2]

로이 리처드 그린커에 의하면 사실상 정신질환은 하나의 스펙트럼상에 존재하는 '정도'의 문제로 '정상'과 '비정상'의 경계는 일종의 환상이다. 정상/비정상을 가르는 기준은 시대마다 문화권마다 다 달라서 '정상성'은 사실상 날조된 이데올로기다. 그러나 사회가 누구를 받아들이고 누구를 거부할지 결정하는 잣대로서 '정상성' 개념은 현실에서 위력을 발휘한다.[3] 아픈 사람이 사회에서 추방되지 않기 위해서는 더 이상 이질성과 타자성을 중심으로 정신질환이 규정되어서는 안 된다. 정신질환이 낙인이 되지 않으려면, 당사자가 자신의 병에 대해 말하고 해석할 수 있는 주체로서의 권리를 가져야 한다. 당사자의 이야기는 정상을 자처하는 이들의 자기 확신을 무너뜨릴 수 있도록 사람들 사이로 흘러 들어가 공유되어야 한다. 따라서 질병은 개인적, 사회적 맥락 속에서 재해석되어야 한다. 의학은 진단과 설명의 권력을 독점함으로써 정신병을 사회와

2 1960년대 이후 국가의 체제가 강화되면서 정신병을 비롯한 온갖 '비정상'은 법률로써 격리되고 관리되었는데, 1973년에 시행된 모자보건법이 대표적인 사례이다. 이 법은 정상성을 상정하고 비정상적인 존재를 우리 사회에서 영구히 격리시키려는 기획을 가지고 있었다. 여기서 비정상에 속하는 것은 정신분열증이나 조울증 같은 정신병은 물론, 간질처럼 정신세계와는 전혀 무관한 질병까지 포함되었다. 김성환, 〈정신병〉, ≪금지의 작은 역사 : 세상이 나에게 주입한 20가지 불온한 것들의 목록≫, 천년의 상상, 2018, 46–47쪽.

3 정신질환의 역사는 정상성이라는 허구에서 비켜난 사람들에게 사회가 어떻게 문화적으로 낙인을 찍어왔는지를 보여준다. 예컨대 어떤 사회는 동성애를 정신이상으로 보고, 다른 사회는 그걸 범죄로 보지만, 또 다른 사회는 그것을 인간 발달의 자연스러운 과정으로 본다. 그린커는 자본주의, 전쟁, 정신질환의 의료화라는 틀로 낙인의 역사를 짚어나간다. 특히 자본주의는 '생산적 노동을 할 수 있는 건강한 몸'이 아닌 존재를 모두 비정상으로 만들었다. 정신질환은 게으름의 증거였으며, '실패한 노동자의 질환'이 됐다. 하지만 다른 문화권과 사회에서는 자본주의가 규정한 정신질환이 '병'으로 여겨지지 않았으며, 그 원인을 개인의 무능함에 돌리지도 않았다. 로이 리처드 그린커, ≪정상은 없다≫, 정해영 옮김, 메멘토, 2022, 16–17쪽.

분리시키고, 아픈 사람을 의학의 권위를 증명할 수단으로 객체화해 왔다. 물론 정확한 진단이 오히려 낙인으로부터 고통받는 인간을 해방시키기도 한다. 최첨단 뇌진단 장비 및 의료질환 신약 개발 등으로 일상적 관리와 완치를 기대할 수 있는 질환으로 재정의되면서 정신질환에 대한 낙인효과가 줄어들기도 했다.[4] 정신질환을 명명하고 치료하는 것과 낙인은 다르다는 점에서 정신질환에 대한 의료적 연구는 계속되어야 한다. 그러나 "질병들은, 의학적 서사로는 해명될 수 없는 경험을 다시금 삶 속으로 통합해낼 수 있는 '다른 이야기들'을 필요로 한다"[5]는 것을 간과해서는 안 된다.

최근 자신의 몸과 마음을 뒤흔드는 불쾌한 감정들을 토로하고 그 근원을 찾아가는 1인칭 자기 서사들이 쏟아져 나오고 있다. 잔혹한 낙관주의 혹은 성과사회로도 불리는 신자유주의 사회에서 자신을 무겁게 짓누르는 마음의 고통이나, 장애, 젠더 · 퀴어 등 사회적 소수자로 살아가면서 겪어온 소외나 무력감을 고백하고자 하는 욕망이 커지면서 '글쓰기'의 인기도 높아지고 있다. 그것은 내용

4 박혜경, 〈우울증의 '생의학적 의료화' 형성 과정〉, ≪과학기술연구≫ 12(2), 한국과학기술학회, 2012, 117–157쪽.

5 18세기 서구에서 '아픈 사람'이라는 사회적 유형이 등장한 것은 몸의 다양성, 생애의 다양성, 고통의 다양성을 단일화하는 근대 의학의 보편적 시각 아래 질병 경험이 식민화된 결과였다. 하지만 질병 경험은 질병이 한 인간의 삶에서 무엇을 의미하는가와도 관련된다. 질병들은, 의학적 서사로는 해명될 수 없는 경험을 다시금 삶 속으로 통합해낼 수 있는 '다른 이야기들'을 필요로 한다. 시간을 '이야기된 시간'으로 보고, 아픈 몸의 체화된 경험을 삶 속으로 (재)통합하려는 질병 서사들을 지식의 원천 중 하나로 위치지음으로써, 지배적 시간틀에 대한 비판적 지식이 만들어질 수 있다. 전희경, 〈'젊은' 여성들의 질병 이야기와 시간 다시-읽기〉, ≪한국여성학≫ 31(1), 한국여성학회, 2015, 201–242쪽 참고.

이나 형식 면에서 기존의 고백서, 질병서, 전기, 에세이 등과도 구별된다. 지금 자기 서사 장에서 두드러진 현상 중의 하나가 '미친 여자'의 귀환이다. 우울증, 양극성 장애, ADHD, 공황장애, 거식증, 조현병 등을 고백하는 젊은 여성들의 '정병러' 에세이가 주류를 차지하고 있는 것이다.[6] 본래 인터넷 커뮤니티에서 "정병"은 정신병을 줄인 말로 "한녀" "한남"처럼 비하적인 뉘앙스가 강한 단어였지만, 당사자들이 트위터에서 '정병'에 영어 접미사 '~er'를 붙여 스스로를 '정병러'로 칭하면서 더 이상 낙인의 언어라고 할 수 없게 되었다. "정병러는 나를 비하하지 않으며 동시에 나를 정의해 주는, 나에게 말할 수 없을 만큼 많은 감정을 주는 단어"라는 어느 트위터 사용자의 고백처럼, 그것은 아픈 사람이 '자기'를 말하고 탐구할 수 있게 해주는 언어다.[7]

이 글은 여성 정병러 서사 중 우울증에 관한 이야기인 백세희

6 회사원인 백세희의 우울증 치료기인 ≪죽고는 싶지만 떡볶이는 먹고 싶어(1)≫(흔, 2018)가 발간된 이후, 한겨레신문 이주현 기자의 조울증 투병기인 ≪삐삐언니는 조울의 사막을 건넜어≫(한겨레출판, 2020) 등 여성 정신질환 서사가 하나둘 늘어났다. 2021년에만 양극성 장애를 앓는 만화가이자 일러스터인 리단(이한솔)의 ≪정신병의 나라에서 왔습니다≫(반비), 주의력결핍장애(ADHD) 진단을 받은 회사원 정지음의 ≪젊은 ADHD의 슬픔≫(민음사), 서른이 되어 ADHD 진단을 받은 임상심리학자 신지수의 ≪나는 오늘 나에게 ADHD라는 이름을 주었다≫(휴머니스트), 약 20년을 앓아온 거식증 경험기인 회사원 박지니의 ≪삼키기 연습≫(글항아리), 회사원 김세경의 공황장애 극복기인 ≪지하철이 타기 싫다고 퇴사할 순 없잖아≫(가나출판사), 과학기술사를 전공한 하미나의 우울증 이야기인 ≪미쳐 있고 괴상하며 오만하고 똑똑한 여자들≫(동아시아) 등이 출간되었다. 다른 한편으로, 이십 년 전에 출간되었던 필리스 체슬러의 ≪여성과 광기≫(플레이타임, 2021)가 독자 북펀딩으로 출판사를 바꾸어 재출간되었을 정도로 번역출판계에서도 '미친 여자'에 대한 관심은 뜨겁다.

7 리단(필명)의 ≪정신병의 나라에서 왔습니다≫나 정지음의 ≪젊은 ADHD의 슬픔≫은 정신장애를 '정상성'으로부터 이탈한 오류가 아니라 타인과 구별되는 독창적인 자아의 원천으로 설명함으로써 자긍심으로 전환시키려는 시도까지 보여준다.

의 ≪죽고는 싶지만 떡볶이는 먹고 싶어(1)≫(흔, 2018), ≪죽고는 싶지만 떡볶이는 먹고 싶어(2)≫(흔, 2019)와 하미나의 ≪미쳐 있고 괴상하며 오만하고 똑똑한 여자들≫(동아시아, 2021)을 중심으로 자기 서사의 미학적, 사회적, 정치적 가능성을 살펴보고자 한다. 숨을 잘 쉴 수 없는 공황증, 새로운 계획과 의욕으로 충만한 조증 상태, 자기효능감이 떨어지는 소진과 불능 등 정신병이 기본값이 된 '피로사회'에서 누구나 공유할 수 있는 감정 중의 하나가 '우울'이다. 그러나 오랜 시간 동안 우울증이 중년 여성의 질병으로 은유되어 왔기 때문에 우울한 젊은 여자는 분명 문화적으로 낯선 이미지다. 로맨스 드라마의 공식이 보여주는 바처럼 언제나 정서적 어려움을 겪는 것은, 트라우마적 기억에 시달리는 재벌남이었다. 젊은 여성은 빈곤과 차별 속에서도 언제나 기쁨과 명랑 같은 감정 자본을 넉넉히 가지고 있었다. 따라서 부유한 남자와 빈곤한 여성의 사랑은 대등한 균형을 이룬 것 같은 환상마저 일으켜왔다. 그러나 지금 아픈 여자들은 진료실을 뛰어나와 "젠더 규범과 '완벽한' 젊은 몸에 대한 관념"[8]을 뒤흔들고 있다. 행복산업, 긍정심리학, 정신분석, 의료산업 등에 의해 이질화되고 식민화되어 온 우울증은 계급과 젠더가 교차되는 혐오 사회에서 젊은 여성들의 감정 경험을 이

8 미셸 렌트 허슈, ≪젊고 아픈 여자들≫, 정은주 옮김, 마티, 2021, 16쪽.

야기하는 실마리가 되고 있다.

여성 정병러 서사는 '자신의 삶'을 지배적 이론이나 기성체제 속으로 휘발시키지 않고 자기를 새롭게 인식하고 보살피려는 자기 배려의 기획으로 쓰이고 있다. 당사자들의 '자기 서사Auto Narrative'들은 '소수적 감정Minor Feelings'에 대한 공론화가 이루어질 필요가 있음을 보여준다. '소수적 감정'은 한국계 미국인인 캐시 박 홍이 ≪마이너 필링스: 이 감정들은 사소하지 않다≫라는, 이론과 자기 경험이 바탕이 된 독특한 글쓰기를 통해 공론화한 개념이다. 저자에 의하면 소수적 감정은 여성과 유색인종, 장애인, 퀴어 등 소수자에게서 자주 발견되는 편집증, 슬픔, 짜증, 초조, 자기혐오 같은 것으로 "일상에서 겪는 인종적 체험의 앙금이 쌓이고 내가 인식하는 현실이 끊임없이 의심받거나 무시당하는 것에 자극 받아 생긴 부정적이고, 불쾌하고, 따라서 보기에도 안 좋은 일련의 인종화된 감정"[9] 이다. 소수적 감정은 시앤 나이가 '긱 경제gig economy' 시대를 살아가는 주체의 감정적 양태로서 정의한 '추한 감정ugly feelings'과 유사하다. 나이는 추한 감정에서 당사자가 자신의 느낌을 명료하게 인지하기 어렵기도 하지만, 지배적 질서와 규범에 순응하지도 못하면서

9 캐시 박 홍, ≪마이너 필링스: 이 감정들은 사소하지 않다≫, 노시내 옮김, 마티, 2021, 84쪽.

도 그것에 맞서는 저항으로 이어지기도 어렵다는 점을 강조했다.[10] 그러나 캐시 박 홍은 나이가 정의한 '추한 감정'을 여성과 소수자들의 감정양태를 가리키는 것으로 재의미화하고, 정치적 대항의 가능성이 응축된 불화의 에너지로 새롭게 포착한다. 그렇지만 '소수적 감정'은 감정자본주의의 회로 속에 갇힐 위험으로부터 자유롭지 않다. 소수자들은 지배 질서를 향한 인정 욕망으로부터 자유롭기 어려운 것이 현실이기 때문이다. 따라서 지배적 규범 안으로 들어가지 못하거나 그것과 끊임없이 충돌하며 살아가는 소수자들의 삶의 느낌으로서 소수적 감정이 해방으로 이어지는 길을 모색할 필요가 있다.[11]

2. 감정자본주의에 대항하는 우울의 해방

젊은 우울증은 살아남기 위해서 감정을 자원화하도록 압박하는 사회의 영향을 받는다. 신자유주의 사회에서 경쟁은 타인과의 경쟁은 물론이고 자신을 착취하는 방식으로 진행된다. 불황이 심각하지만 신자유주의는 국가의 기능을 포기하고 각종 탈규제와 유연

10 Sianne Ngai, *Ugly feelings*, Harvard University Press, 2005.

11 김은하, 〈소수적 감정과 자기 서사〉, ≪여/성이론≫ 46호, 2022, 135–146쪽.

화 정책들을 통해 개인을 경쟁적 시장에 던져둔다. 부와 권력의 분배를 이야기하는 정치의 광장마저 사라졌다면, 불평하거나 분노하는 대신에 불안과 공포를 무한한 긍정과 명랑의 에너지로 전환시켜 성과를 내기 위해 전력 질주해야 한다. "자신의 심리 상태를 다스리고 자신의 이익에 걸맞게 행동함으로써 삶의 목표에 도달한다는 점에서 자유롭고 전략적이며 책임감 있고 자율적"[12]인 개인으로 제2의 탄생을 해야 한다. 우울의 민낯은 밖으로 나오지 못하도록 꽁꽁 싸매는 것이 현명하다. 우울은 더 이상 노년의 현자에게서 발견되는 심오한 정조나, 천재의 자질로 여겨지기는커녕 부적응과 열등함을 뜻할 것이기 때문이다. 단순한 건강함, 보수적인 온화함, 긍정의 마인드는 생존의 유리한 자원이 된다. 그렇지만 부정적 감정이나 비판적 사고를 금기시하고 감정을 자원화하도록 하는 '감정자본주의'[13]는 되레 주체를 절망과 죽음 속으로 끌고 들어가는 게 아닐까?

백세희의 ≪죽고는 싶지만 떡볶이는 먹고 싶어≫[14]는 출판사 홍보마케터인 저자가 기분부전장애氣分不全障礙[15] 진단을 받고, 약물

12 에바 일루즈 · 에드바르 카바나스, ≪해피크라시≫, 이세진 옮김, 청미, 2021, 82쪽

13 감정자본주의는 "감정 영역과 경제 영역이 상호 침투하는 문화, 다시 말해 정서가 경제 행위의 본질이 되는 동시에 경제 논리가 감정 생활을 지배하게 되는 문화"를 뜻하는 용어다. 에바 일루즈, ≪감정자본주의≫, 김정아 옮김, 돌베개, 2010, 214-215쪽.

14 이후 2절에서는 ≪죽고는 싶지만≫으로 줄여 쓰고 괄호 안에 권수와 쪽수만 표기.

15 정신의학에서 기분부전장애는 심한 우울 증상을 보이는 주요우울장애와는 달리, 가벼운 우울증상이 지속되는 상태를 말한다. 일반적으로 2년 이상 우울이 지속되고 일주일 중 3-4일 동안 우울한 감정이 발생하면 기분부전장애 판정이 이루어진다. '지속성 우울'이라고도 불린다.

치료를 병행하며 정신과 의사와 나눈 대화 치료의 기록에 상담 후기를 덧붙인 자기 서사다. 저자는 어렸을 때부터 종종 우울한 감정을 느꼈지만 고등학교 때는 그 정도가 더욱 심했는데, 그 이유를 의심할 여지없이 명확한 것으로 여겼다. 원하는 대학에 진학하지 못했고 아토피마저 앓는, 인기 없는 소녀였기 때문이다. 그래서 절치부심 끝에 "변하고 싶었던 부분(다이어트, 대학, 연애, 친구)이 모두 해결"되는 성과를 내며 인간 실격의 꼬리표들을 제거했지만 "똑같이 우울"(1권, 14쪽)했고 심지어 자살 충동에 사로잡혔다. 용기를 내어 우울증을 고백했을 때 지인들의 반응은 "네가 뭐가 모자라서 우울하냐"(1권, 14쪽)는 질책이었다. 편입한 서울 사립대 학벌, 괜찮은 회사의 홍보마케터라는 업무, 가끔씩 예쁘다는 칭찬을 받을 정도의 외모, 손목을 자해한 상처를 보며 울어주는 남자 친구의 존재 등은 '나'가 행복한 사람이라는 증거로 간주되었기 때문이다. 결국 높은 긴장과 심한 불안을 견디지 못한 나는 녹음기를 들고 정신과의 문을 두드리게 된다.

'나'는 왜 우울한 것일까? 나의 우울하다는 고백에 대한 지인들의 질책 섞인 반응은, 우울이 사회적 이상에 미달하는 이들의 표지로 간주되고 있음을 암시한다. 그러나 우울은 주체가 세계를 정직하게 응시하는 과정에서 겪을 수밖에 없는 성숙한 반응이다. '나'

의 우울은 마치 절멸의 수용소에서 해방되어 일상으로 돌아와 비로소 포로가 아닌 인간이 되었을 때, 유대인 생존자들을 휩쓸었던 수치심과 죽음 충동을 연상시킨다.[16] 더 이상 해일에 삼켜지지 않을 것 같다는 희미한 확신이 들었을 때, '나'를 사로잡은 것은 자부심이 아니라 우울한 감정이었다. 나에게 "미래도 대학도 돈도 없이" 독서실 총무나 헬스장 카운터 알바를 하며 입시를 준비하던 스무 살의 자신이 귀환해 왔기 때문이다. 나는 스무 살의 자기를 만나면 울 것 같다고 "이 정도면 충분하다"고 "그렇게 애쓸 필요 없다고 꼭 말해주고 싶"(1권, 63쪽)다고 고백한다. 문제는 하고 싶은 일을 하며 충분히 만족하고 있음에도, 스물여덟 살 현재의 자신은 과거보다 더 행복하지 않다는 것이다. 습관처럼 "더 높은 곳을 향해" 타인의 인정을 갈구하며 자기 착취를 멈추지 못하는 것이다. 나는 조건부 사랑만 주는 사회로부터 인정받기 위해 자기혐오와 자기비하를 엔진 삼아 더 나은 사람이 되기 위해 노력했다. 그 결과 나는 약간의 사회적 인정을 얻을 수 있었지만 피폐해져 버렸다. 뒤에서 이야기하겠지만 나의 우울증은 비단 '나'에게 국한되기보다는 청년의 전형적인 상태에 가까운 것이다.

16 유대인 생존자였던 레비는 귀환 후 깨끗한 침대에 누워 자신이 인간임을 실감했을 때, 자신이 살아남았다는 사실에 자랑스러움보다 수치심을 느꼈다. 자신보다 더 착한 동료의 자리를 빼앗고 살아 남았다는 수치심이 들었기 때문이었다. 비로소 인간이 되었을 때 인간다움을 심문하는 질문도 귀환해 온 것이다. 프리모 레비, ≪가라앉은 자와 구조된 자≫, 이소영 옮김, 돌베개, 2014.

그러나 진료실에서 우울은 낮은 '자존감' 문제로 환원된다. 나의 치료기는 감정자본주의가 대중적으로 널리 확산되었으며, 진료실은 그것을 확정적 진리로 만들어주는 곳임을 확인시켜 준다. 나는 "심각한 타인과의 비교, 거기서 오는 자기 학대, 그리고 자존감이 낮은 거 같아요."(1권, 15쪽)라고 자기를 설명한다. 외모 강박, 우월한 사람들에 대한 선망과 자기비하, 타인이 자신을 무시한다는 피해의식, SNS에 자신을 "괜찮은 사람"(1권, 22쪽)으로 보이게 해줄 사진들을 올리는 인정강박 등을 고백한다. 정신과 의사는 타인에 대한 '나'의 높은 의존성향을 지목하며 "나 자신에게 너무도 강력한 초자아가 서 있"고 우울은 "일종의 자기 처벌적인 욕구"(1권, 29쪽)라고 분석한다. "너무 강박적으로 이상화된 잣대를 계속 가져와서 그 기준에 맞추려고" 하기 때문에 죄책감에 빠지는 것이라며 인지 치료를 통해 '나'가 자기 자신과의 관계를 새롭게 맺도록 하고자 한다. 그러나 의사 역시 낮은 자존감을 우울의 원인으로 환원하기는 마찬가지다. '나'가 타인이 자신에게서 못난 모습을 발견하면 금세 버려질 것 같다는 불안을 호소하자, 의사는 "결국 자존감 때문이겠죠. 자존감이 높고 내 취향에 대한 확신이 있다면 그 사람이 그걸 비판하든 비난하든 신경 쓰지 않을 거"(1권, 99쪽)라고 답한다.

신자유주의 체제로의 전환 이후 심리학계에서 '긍정심리학'[17]이 부상하면서 '자존감'은 점차 개인이 겪는 여러 문제를 진단하고 해결하는 마법의 열쇠가 되고 있다. 자존감自我尊重感, self-esteem은 "자신이 사랑받을 만한 가치가 있는 소중한 존재이고 어떤 성과를 이루어낼 만한 유능한 사람이라고 믿는 마음"(위키백과)이자, 인생의 시련 앞에 좌절하지 않는 회복탄력성으로도 설명된다. 그러나 '자존감'에 관한 심리학 이론들은 사이비 과학처럼 행복이 마음의 능력에 달려 있는 양 호도함으로써 고통을 개인화하고 사회의 책임을 은폐한다. '나'의 우울은 "따귀 맞은 영혼"[18]이 호소하는 증상이기도 하다. 어린 시절에 '나'는 다섯 식구가 18평 아파트에 산다는 것을 친구들이 알까봐 두려워했으며, 아버지에게 매맞는 어머니를 지켜봐야만 했고, 아토피 피부와 통통한 체격으로 '왕따'가 되었으며, 좋아하는 남자에게 고백했지만 모멸적으로 차였다. 빈곤, 가정폭력, '왕따' 등 모멸적 경험들은 비단 개인적인 것으로 치부할 수 없는 사회적 문제다. 그러나 자존감 담론에서 그것은 탈사회화되어

17 긍정심리학은 부정적 감정보다 "긍정적인 감정, 스스로 삶에 더하는 의미, 낙천주의, 행복" 등을 연구하고 "자아실현의 심리학적 열쇠를 전해줄 수 있는 새로운 행복의 과학을 수립하는 것"을 목표로 하는 것으로 1990년대 미국 심리학계에서 등장한 새로운 학문이론이지만 최근들어 사이비 과학으로 비판받고 있다. 긍정심리학은 심리상담사, 자기계발서 저자, 다양한 유형의 코치 등이 활동하는 심리치료 시장을 만들어냈다. 긍정심리학에 대한 비판으로 다음을 참고할 것. 에바 일루즈 · 에드가르 카바나스, ≪해피크라시≫, 이세진 옮김, 청미, 2021, 38-44쪽.

18 "따귀 맞은 영혼"은 게슈탈트 심리 치료의 권위자인 배르벨 바르데츠키의 동명의 책에서 가져온 것이다. 게슈탈트 심리 치료는 대부분의 마음의 문제를 과거의 해결되지 않은 욕구나 감정 또는 상처받은 경험과 연관된 것으로 간주한다. 배르벨 바르데츠키, ≪따귀 맞은 영혼≫, 장현숙 옮김, 궁리, 2002.

'나'가 자존감이 낮은 사람임을 확인해주는 증거로 전락한다. 따라서 나는 솜씨 좋은 외과 의사처럼 나에게서 낮은 자존감이라는 만병의 근원을 제거해야만 한다. 그러나 자존감이 마술적 담론임은, 주체가 겪는 고통의 원인으로 낮은 자존감이 지목되고 그 해결책이 높은 자존감이 되는 환원논법을 통해서 알 수 있다. 이렇듯 기괴한 고차방정식 앞에서 나는 전능하다고 가정되는 '자존신'에게 매달리면서도 "또 그 놈의 자존감 때문이라면 난 어떤 방향을 향해 나아갈지 모르겠다고"(1권, 156쪽)고 분노한다.

자존감 만능론은 대안적 질서에 대한 비전의 부재와 그것을 추구해 나가는 운동의 에너지와 상상력이 고갈되면서 자유민주주의적 자본주의의 '바깥'이 없는 세계가 펼쳐지고 있음을 확인시켜 준다. 정치혁명을 이야기하는 비판 이론이 쇠퇴하고, 그 자리를 현실 적응을 최선으로 이상화하는 자기계발의 테크놀로지들이 채우면서 자신의 삶과 사회를 분석하는 주체의 지적 역량은 현저하게 감퇴했다. 그런데 감정생활이 경제적 관계 및 경제적 교환의 논리를 따라 차가워질수록 주체는 병들 수밖에 없다. 스물여덟 살의 나를 사로잡은 우울증은 느껴진 생각이자 생각된 느낌으로써 청년 여성의 감정 구조the structure of feeling[19]에 가까운 것이다. 이 책은 애초

19 레이몬드 윌리엄스는 감정의 구조는 한 시대의 문화라고 전제하며, 공동체의 개인 대다수가 가지고 있지 않다

온라인에 연재되었는데 청년 여자들을 사로잡는 기분 혹은 느낌으로서 소수적 감정을 건드림으로써 젊은 여성들의 공감과 지지를 받고 종이책으로까지 출간되었다. 젊은 여성은 오늘날 한국에서 이상적인 신자유주의의 주체다. 더 이상 차별은 없다며 이제는 여성이 성공할 차례라고 말하는 사회에서 많은 여성들이 자기계발의 주체가 되었다. 그러나 차별을 부정하고 자기 긍정을 강요하는 사회에서 여성들은 인지 부조화를 경험할 수밖에 없다. 살아온 경험들이 묵살 당하고 인지되지 못하는 곳에서 우울, 불안, 편집증 같은 소수적 감정에 시달리는 것이다.

"나는 절절맨다. 절절맨다는 표현이 딱 맞다. 마음은 이미 절절매고 있는데, 머리는 절절매기 싫어서 사나운 동물처럼 쏘아붙인다. 서로 다른 감정이 한 몸에서 나오자 존재가 어그러진다. 그렇게 온 얼굴과 귀 끝까지 붉어진 상태로 상대를 마주하고 난 후의 버릇은 거울을 보는 일이다. 혼자만의 전쟁을 치른 직후 바라보는 얼굴은 남루하다. 빨갛고 초점 없는 눈, 잔뜩 흐트러진 앞머리, 도무지 무슨 생각을 하고 사는지 모르겠는 짙고 흐린 표정. 불투명한 존재 같다. 바닥까지 추락하는 감정을 느끼고, 애써 부여잡아온 정신의 균형이 다시금 무너진다."(1권, 76쪽)

위 인용문은 '나'가 거울 속 자신을 응시하는 장면으로, 나의

고 할지라도 모든 실제의 공동체에서 매우 심층적이고도 광범위하게 소유되고 있어 의사소통이 의존하는 기반이 바로 감정의 구조라고 했다. 레이먼드 윌리엄스, ≪기나긴 혁명≫, 성은애 옮김, 문학동네, 2007, 93-94쪽.

내면 속에 두 개의 자아가 충돌하고 있음을 보여준다. 하나는 '이상적 자아'에 가까이 갈 때 사람들의 사랑과 인정을 받을 수 있다고 믿으며 내면화된 성취 압력 속에서 자기계발에 매진하는 모범생 주체다. 나는 스스로를 "관종"이라고 할 정도로 타인의 인정과 사랑을 갈망했다. 이상적인 편집자가 되기 위해 주말에는 소설 쓰기, 독후감 쓰기, 영화 동호회 등 여러 활동을 했고, 독창적 사유를 보여주는 이들을 흠모하고 이들에 비해 모자란 자기를 다그쳤다. 그렇게 해서라도 다른 사람들의 인정을 받고 싶었던 것이다. 그런 자기를 저자는 비루하리만큼 절절매고 있다고 표현한다. 그러나 거울은 다른 한편으로 시종일관 복종을 요구하는 대타자를 향해 자기 안의 응축된 분노를 드러내는 반항적 주체를 보여준다. 나는 얼굴이 붉어질 정도 사납게 대타자를 쏘아본다. 나의 내면에는 자신을 사랑하거나 혐오할 수 있는 권력을 가진 대타자를 향한 분노가 들끓고 있다. 그러나 분노는 외부를 향해 분출되지 못하기 때문에 나의 내면은 원한으로 가득차 자기 자신을 파괴한다. 이렇게 보자면 미쳤다는 것은 병리적인 것이라기보다 억압된 채 누적된 분노의 폭발이라고 할 수 있다.

≪죽고는 싶지만≫이 이룩한 성취는 신자유주의의 모범생이라고 할 수 있는 '나'의 "괜찮은 사람"으로 인정받기 위한 수행적 실

천들과 감정관리가 역설적으로 주체를 병들게 했음을[20] 보여준다는 데서 찾을 수 있다. 나는 스스로를 "관종"이라고 할 정도로 타인의 인정과 사랑을 갈망했다. 그래서 자신의 감정을 감추고 언제나 미소를 띠고 상대방에게 긍정의 답변을 돌려주었다. 무엇보다 "늘 남에게 내가 어떻게 보일지 고민"(1권, 49쪽)하며 "자기 자신을 CCTV 찍듯이 검열"(1권, 51쪽)했다. 나의 특유한 습관 중의 하나는 회의나 워크숍, 동우회 모임 등에서 사람들과 대화한 내용을 녹음하고 다시 듣기를 되풀이한다는 것이다. 녹음한 내용을 들으며 자신이 바보처럼 보이지 않았는지 점검하고 평가해야만 하는 것이다. 이렇듯 자신을 일상적으로 검열함으로써 안도하기도 했지만 결국 결점을 발견할 수밖에 없었고, 이는 자책으로 귀결되었다. 결국 나는 '판옵티콘'에 감금된 죄수처럼 도망칠 수도 몸을 숨길 수도 없어, 탐식을 하고 정신을 잃을 때까지 술을 마셨으며, 수면제에 의존해 겨우 잠들고, 자해를 하며 죽음을 소망하는 지경에 이르렀다. 정신이 깨어 있는 한 그림자처럼 들러붙어 자신을 감시하고 비난하는 대타자의 시선을 떼어버릴 수 없었던 것이다.

'나'는 다른 사람보다 불안과 강박이 더 높은 사람일지도 모른

20 양보람은 우울을 "무언가를 성취했다는 완결의 느낌을 받지 못하는 상태에서 지속적으로 자신을 고양시키고 혹독하게 다스려야만 하는 개인이, 끝없는 자기계발의 과정에서 결국 도달하게 되는 특정 반응"으로 설명한다. 양보람, 〈한국사회의 우울증 담론에 관한 사회학적 연구 – 의료화와 정책화를 중심으로〉, 서울대학교 대학원 사회학과 석사학위 논문, 2013, 84쪽.

다. 회사에서 도서 기획이라는 새로운 일을 맡은 후에는 나는 "내 자리를 잃을 거 같은 불안감"(1권, 141쪽)을 느끼며 폐쇄병원에 입원을 해야 할 만큼 자살충동에 사로잡힌다. 자신이 문학을 전공했지만 지극히 평범하다는 이유로 스스로를 비난하고, 다른 사람이 자신에게 실망할까봐 두려워한다. 이런 반응은 분명히 일반적이지는 않지만, 예민한 사람의 망상적 자의식이라고 일축할 수 없다. 회사는 사원을 제도적으로 평가하고 노동생산성을 높이기 위해 압력을 가함으로써 사원이 자신의 쓸모를 입증해야 할 노동의 현장이기 때문이다. 새 책을 기획하는 브레인스토밍 회의에서 상사의 "이십대니까 '젊은' 아이디어를 마구 부탁한다"(2권, 179쪽)는 말은 나에게 긴장과 불안을 유발했다. 자아를 새롭게 창조하고, 타인과 구별되는 브랜드로 만들도록 압박하는 사회에서 특별하지 않고 무능력하기까지 한 자기를 마주하며 죄책감과 자기혐오에 사로잡힌 것이다.

소수적 감정의 글쓰기는 자신의 삶을 인식하고 표현하려는 시도이며 자기를 사회와 역사라는 더 넓은 맥락 속에서 읽어내고 개인적인 것이 공적이고 정치적이고 이론적이라는 사실을 깨달아가는 작업이다. 그것은 기존 사회질서와 갈등과 불화를 겪다가 화해와 정상성에 이르는 자전적 성장 서사나, 자기를 외부세계로부터 고립시켜 '아큐적' 행복에 이르는 서사와도 다르다. 자기서사는 근대적 성장 서사에서처럼 사회적 통합이 아니라 불일치와 균열이 갖는 역전적 힘을 보여준다. '나'는 대화치료를 통해 자신이 대타자의 감옥에 갇힌 죄수임을 발견했다. 나는 "30년을 살아오며 가장 크게 느끼는 건, 타인은 내게 별로 관심이 없"지만 나는 타인에게 관심이 아주 많"(2권, 49쪽)은 이상한 불균형을 슬픔과 함께 깨닫는다. 이러한 발견은 정신과 의사의 거듭된 만류에도 불구하고 퇴사를 결정하는 것으로 이어진다. 비록 최악의 사람으로 낙인찍히더라도 모범생 노릇을 그만두고 대타자의 감옥 바깥으로 나가겠다는 용기를 낸 것이다. 나는 "저, 정신병 너무 심각해서 그만둘게요."(2권, 22쪽)라고 말하며 회사를 그만두기를 소망한다. 다른 한편으로 '나'는 약간의 페미니즘 지식과 이론을 통해 자신을 괴롭히던 외모 강박을 여성문제로 읽어내는 비판적 시야를 확보한다. '나'의 이야기는 유혹 주체의 권력을 강조하는 이론과 달리 가부장제 사회에서 외모 관리는 여성적 자기계발의 일환으로 고통을 유발하는 것임을 보여준다. 나는 민낯을 수치스러워하고 다이어트 캠프에 참가하는 등 아름다움의 규율 속에서 혹독하게 외모를 관리한다. 그러나 페미니즘 서적을 읽으며 "왜 나는 꾸미는가, 왜 나는 여성들과 경쟁하려 하는가, 그 경쟁도 결국 남자들의 인정을 받기 위함인가?"(2권, 173쪽)

라는 질문을 던질 수 있게 된다.

여성 정병러 서사는 기존의 정치 지형에서 목소리를 부여받지 못했던, 지극히 평범한 여성들이 자기 경험을 이야기하는 창구가 되고 있다. ≪죽고는 싶지만≫은 신자유주의의 모범생으로 고군분투해 온 나의 우울증 치료기로 '소수적 감정'을 사회적 적응에 실패한 증거로 치부하는 것이 아니라 감정자본주의의 먹잇감이 되지 않고 자기를 돌보기 위한 질문으로 만들었다는 점에서 의미가 있다. 앞서 말했듯이 소수적 감정은 더 이상 정치혁명을 이야기할 수 없는 시대에 개인이 처한 복잡미묘한 국면을 보여주는 개념이다. 소수자 집단까지도 지배질서에 묶여 대타자의 승인을 기대하는 정서적 애착을 떨치기 힘든 현실이다. 그러나 슬픔, 짜증, 초조, 자기혐오, 공허 같은 감정들은 지나치게 사소해서 현실을 드라마틱하게 변화시키기 어렵지만 분명 지배 질서에 붙잡혀 있으면서도 그것에 온전히 흡수되지 않는 잔여와 역동이 꿈틀거리고 있음을 보여준다. 그러나 소수적 감정 쓰기는 단순히 "어두운 면을 드러내는 건 내가 자유로워지는 하나의 방법"이기에 더 이상 우울을 억누르지 않겠다고 다짐하는 것을 넘어서 자기를 사회와 역사라는 더 넓은 맥락 속에서 읽어내고 개인적인 것이 공적이고 정치적이고 이론적이라는 사실을 깨달아가는 작업으로 나아갈 필요가 있다. 신체적, 감정적 경험을 이론과 교직할 때 협소한 차원의 셀프 픽션을 넘어설 수 있기 때문이다.

3. 우울증을 페미니즘의 공유자산으로 만들기

여성의 자기서사는 자신의 삶을 지배적 이론이나 기성체제 속으로 휘발시키지 않고 자기를 새롭게 인식하려는 욕망 속에서 쓰여지고 있다. 앞서 살펴 본 ≪죽고는 싶지만≫의 사례처럼 일반인들에게서 자기서사는 자기의 취약한 위치로부터 기인하는 감정적 괴로움이나 곤경을 이야기하고 자기를 보살피기 위해 쓰여지고 있다. 그간 시나 소설을 중심으로 한 문학계의 장르서열주의 속에서 주변화되었던 에세이는 질병, 장애, 젠더/섹슈얼리티 등에서 소수자성을 가진 이들의 경험이 담긴 자기서사라는 새로운 미적 양식으로 유행하고 있다. 이 새로운 글쓰기는 자신을 주인공으로 하고 자기의 경험과 회고를 담고 있지만, 기존의 자서전이나 자기 회고록과도 그 성격이 다르다. 다른 한편으로 그 수가 많지는 않지만 전문가 그룹의 자기 서사는 비평이론의 용어와 방법론들을 자서전적 이야기에 접목시키는 경향을 보여준다.[21] 비평 이론이 제도화되고 이론

21 연구자들의 자기서사 및 이론의 사례로 ≪미쳐 있고 괴상하며 오만하고 똑똑한 여자들≫을 비롯해 김영옥 외의 ≪새벽 세 시의 몸들에게≫(2020), 김영옥의 ≪흰 머리 휘날리며, 예순 이후 페미니즘≫(2021) 등을 들 수 있다.

의 죽음이 선고되는 상황에서 나온 결과물이자 그에 대한 대응 차원에서 자기서사가 쓰여지고 있다고 볼 수 있다. 이러한 자기서사는 지극히 추상적이고 이성적인 이론이 누락시켜온 사실에 가까운 인간의 이야기를 담아내고 있다.

과학사를 전공한 하미나의 ≪미쳐 있고 괴상하며 오만하고 똑똑한 여자들: 이해받지 못하는 고통, 여성 우울증≫[22]은 앞서 본 분류에서 후자에 속한다. ≪미쳐 있고≫는 서점가에서 여성학이나 사회학 도서로 분류되지만, 사실상 규격화된 정의가 쉽지 않은 혼종적 성격의 책이다. 저자의 우울증(제2형 양극성장애) 발병과 4년 간의 치료 경험에 관한 회고와 고백, 여성질환에 대한 정신의학의 역사에 대한 학문적 고찰과 비판, 우울증을 겪는 31명의 20-30대 여성과의 인터뷰 등이 뒤섞여 있기 때문이다. 저자의 개인적 체험에 바탕을 두되 학술논문의 글쓰기를 접목시켜 젊은 여성의 우울증을 페미니즘의 언어로 재해석하고자 하는, 이론의 성격이 강한 자기서사인 것이다. 우울증이라는 소재는 적절한 선택이지 않을 수 없다. 여러 통계들이 보여주는 바처럼 우울증은 남성보다도 여성에게서 더 흔하게 나타나는 병이지만[23] 정신의학은 여성의 우

22 하미나, ≪미쳐 있고 괴상하며 오만하고 똑똑한 여자들 : 이해받지 못하는 고통, 여성 우울증≫, 동아시아, 2021. 이후 본문에서 이 책을 인용할 때는 ≪미쳐 있고≫로 약칭하고 괄호 안에 쪽수로 표기함.

23 우울은 여성의 대표적인 정신건강 문제로, 2013년의 경우 여성의 우울증상경험률은 13.7%로 남성의 6.6%에 비

울증에 대해 충분히 설명하지 못했기 때문이다. 정신의학은 우울증에 대한 진단과 설명 그리고 치료의 권위를 독점함으로써 아픈 사람에게서 질병에 대한 해석적 주체의 권리를 빼앗아버리기조차 했다. 기성의 이론에 기대지 않고 혹은 기성 이론을 해체하면서 새롭게 우울증에 대해 설명해야 할 필요가 있는 것이다.

"진료실 안에서는 고통의 맥락이 삭제됐다. 그곳에서 중요한 건 우울의 원인이 아니라 우울의 증상이었다. 고통의 원인을 찾아내 제거하는 것보다 증상을 완화하는 것이 치료의 목표였다. 그러나 원인이 해소되지 않는 이상, 우울은 완전히 사라지기 어렵다. 진단과 치료만으로는 부족했다.

말하자면……나는 치료가 필요했으나, 인생을 해석할 권한을 누구에게도 넘기고 싶지 않았다. (중략) 내가 우울하고 미친 인간이기만 할까. 타인의 고통에 공감하고 함께 하느라 아팠던 것을 약함의 증거로 넘기고 싶지 않았다. 무엇보다 너무나 열심히 싸워오질 않았나. 어쨌든 이렇게 살아 있지 않은가"[24]

위의 인용문은 저자가 여성의 우울증을 신체와 몸의 정상성으로부터 이탈한 '질병'으로 낙인화하지 않고, 지배적 규범 안으로 들어가기를 거부하고 그것과 끊임없이 충돌하는 소수적 감정으로 해

해 약 2배 정도 더 높았다. 특히 젊은 여성은 기분 장애와 불안 장애 유병률의 급등양상이 가장 높은 집단으로 최근에는 자살율 역시 남성이나 다른 연령대와 비교해 볼 때 점점 높아지고 있다. 전진아, 〈지표로 보는 한국여성의 정신건강〉, ≪보건복지포럼≫ 235권, 2016, 52-54쪽.

24 하미나, 앞의 책, 46-47쪽.

석하고 있음을 보여준다. 우울증을 정신의학과 항우울제를 통해 적절히 인도되고 승화되어야 할 부적절한 상태로 치부하지 않고, 여성이 처한 현실의 제맥락에서 발생하는 문제이자 여성의 저항으로 보는 것이다. "인생을 해석할 권한을 누구에게도 넘기고 싶지 않았다"는 인용 문장은 여성의 우울증에 대한 앎의 권위를 사실상 독점해 온 정신의학에 대한 반감을 표현하고 있다. 저자는 과학사를 전공하는 학자로서 정신의학의 정전들과 각종의 기록들을 찾아내 여성의 우울증이 성 호르몬이라는 생물학적 원인에서 비롯되는 몸의 문제로 설명됨으로써 "고통이 발생하는 구체적인 사회문화적 맥락"(23)이 삭제되어 왔다고 비판한다. 우울은 사실상 표출되지 못한 사회적 분노이지만 에스트로겐의 변화주기에 따라 발생하는 개인의 문제로 고립화되어 왔다는 것이다. 심지어 의학은 우울증을 여성이 병자 역할을 통해 이익을 보려고 하는 '응석' 행위로 간주하기조차 한다. 정신의학은 여성의 우울증에 대해 전혀 알지 못하고 따라서 치료에 있어서도 무능할 수밖에 없다.

그럼에도 불구하고 감정자본주의 사회는 우울증을 프로작Prozac 같은 항우울제로 쉽게 관리가능한 것인 양 호도한다. 우울증에 대한 정신의학의 역사는 서구 사회가 인간의 감정을 지배하는데 총력을 기울여 왔음을 보여준다. 1950-60년대 미국에서 정신의학 전문가와 제약회사의 이해관계가 맞물리면서 간단한 검사로 우울증 진단이 남발되고, 우울증이 '마음의 감기' 정도로 가볍게 취급되기 시작했다. 급기야 20세기 말에 이르면 "정상성의 기준을 신자유주의 시대를 살아가는, 자기관리에 철저한 현대인의 모습"으로 높게 설정함으로써 "우울증은 신자유주의 시대에 적응하지 못한 무력한 사람들의 질병"(102)으로 정의되었다. 이러한 정의는 약 부작용이나 약중독에 대한 사람들의 거부감을 누그러뜨리고 항우울제를 성과주체가 자신의 감정을 관리하기 위해 의존할 수 있는 보조제처럼 여겨지게 만들었다. 따라서 진료실에서 우울증이 더 많이 진단되는 비윤리적이고 무책임한 상황이 벌어지기 시작했다.

생명을 위협하는 심각한 차원이 아니라면 두려움과 불행 같은 감정은 육체적인 고통만큼이나 건강한 삶에 있어서 중요한 요소이며 더 나은 삶을 선택하고 만들어 가는 계기다. 무분별하게 우울증이 진단되고 항우울제 처방이 남발되면 주체를 사로잡는 슬픔, 분노, 공허 같은 감정 경험을 통해 의미있는 변화를 이끌어내고 사회를 진보시킬 수 있는 질문과 고뇌들은 억압될 수 있다. 항우울제가 준 거짓행복은 잘못된 현실에 대해 침묵하고 인간의 문제해결 능력을 약화시킬 수 있다. 저자는 병원에서 조울증 약으로 처방받은 '리튬'은 "내게 평온함을 가져다줬지만" "감정의 영역이 좁아진 것 같았다"면서, "심각한 조증으로 이어지지 않는다면, 경조증은 신이 내린 축복 같기도 했다"(85)고 고백한다. 항우울증제가 앗아간 격정적이지만 독특한 자아를 향한 그리움은, 항우울제가 올더스 헉슬리의 ≪멋진 신세계≫에서 전체주의 국가가 인간을 무력하게 만들기 위해 지급하는 신경성 안정제 '소마'와 같다는 드워킨의 비판과 일맥상통한다. 드워킨은 미국의 정신의학계가 불행을 치료가 필요한 병으로 발명하고, 항우울제 및 기타 치료적 개입을 통해 '인공행복 Artificial Happiness'[25]을 만들어 냄으로써 진정한 행복이 아니라 피상적인 안락감으로 사람들을 기만한다고 비판한다. 거짓 행복은 잘못된 현실에 대해 침묵하고 인간의 문제해결 능력을 약화시킨다고 보는 것이다.

≪미쳐 있고≫는 "모든 사회적 문제를 진료실 안으로 끌고 들어가 그 정치성을 탈각시키고 오로지 신체와 정신의 문제로 만드는 것을 원하지 않는"[26] 감정자본주의에 맞서 우울증을 사회에 엄존하는 여성문제를 이야기하는 한편으로 여성의 연대를 시작하는 감정/정동 자원으로 의미화하고자 한다. 항우울제를 복용하며 버

25 인공행복은 프로작이나 졸로프트 같은 항우울제나 대체의학, 강박적 운동으로 만든 가짜 행복을 뜻한다. 인공행복은 다른 방식으로 생각하거나 행복하려는 욕망을 제거함으로써 고통스러운 삶을 살아도 고통스러워하지 않으며, 나쁜 일이 일어나도 여전히 유쾌할 수 있도록 만든다. 로널드 W. 드워킨, ≪행복의 역습≫, 박한선 · 이수인 옮김, 아로파, 2014.

26 장윤원, 〈20-30대 여성들의 온라인 우울증 말하기와 페미니스트 내러티브〉, ≪한국여성학≫ 37(3), 한국여성학회, 2021, 1~32쪽.

티는 것 외에 다른 대안을 찾아야만 하는 것이다. 따라서 저자는 "자기 삶의 저자인 여자는 웬만큼 다 미쳐 있다"(5)라고 재해석한다. 인터뷰 대상자 중의 하나인 '세리'의 "오히려 겪고 나면 자기 세계가 넓어지고 인간에 대해 더 잘 이해하는 기회가 되"(304)었다며 "우울증을 굉장히 비극적인 것"으로 보지 않는다는 고백처럼, 우울증을 단순히 무기력하고 부정적인 상태가 아니라 주체가 세계에 대해 정직하게 대면하는 과정에서 겪게 되는 성숙한 반응으로 의미화하는 것이다. 이러한 문제의식을 바탕으로 저자는 20-30 여성들의 우울증에 관한 이야기들을 채록하고, 더 이상 취약한 각자가 아니라 서로의 생명과 삶을 지키는 이야기 공동체를 만들고자 한다.

≪미쳐 있고≫는 "이삼십대 여성이 겪는 우울과 분노를 고통으로서 승인"[27]하기를 사회에 촉구하는 서사다. 우울증은 젊은 여성에게 국한되어 나타나는 감정 경험이 아니다. 그러나 근래의 한국사를 되돌아보면 젊은 여성은 젠더/섹슈얼리티/세대 등이 중첩된 최악의 취약성을 가진 소수적 존재가 되었지만 사회 공론장에서 진지하게 다루어지지 못했음을 알 수 있다. 이렇게 보면 젊은 우울증은 젊은 여성들의 몸에 갇혀 기능부전을 일으키는 차별과 상

27 장하원, 〈여성의 고통, 우울증 당사자로부터 배운다 : ≪미쳐있고 괴상하며 오만하고 똑똑한 여자들 : 이해받지 못하는 고통, 여성 우울증≫〉, ≪아시아여성연구≫ 60(3), 숙명여대 아시아여성연구소, 2021, 252쪽

처의 징후다. 지난 25년 간 사회의 보수화 국면 속에서 젊은 여성은 사실상 보이지 않는 존재였다. 6·25 이후 최대의 민족적 환난으로 얘기되는 외환 위기 이후 사회가 봉착한 불안은 "고개 숙인 아버지" 담론과 함께 남성성 상실의 위기로 젠더화되며, 여성을 사회적 기득권으로 몰아세우는 '백래시'가 시작되었다. 국가부도의 위기가 발생하자 여성은 노동시장에서 가장 먼저 축출되었지만 여성이 겪은 재난과 고통은 공감되지 못했다. 2000년대를 통과하며 '88만원 세대론'이 등장하고 세대를 중심에 두고 재난의 불평등성을 사유할 수 있게 되었다. 그러나 '3포'를 강요당한 청년의 표상 속에서 젊은 여성이 겪는 소외나 차별의 문제는 비가시화됨으로써, 세대론은 온라인에서 스스로를 '루저'나 '잉여'로 자조하면서 여성 혐오를 시대 정신인 양 공유하는 일베 청년의 탄생으로 이어졌다. 젊은 여성들은 지속적으로 남성의 기득권을 위협하는 '알파걸'로 재현되거나 남자들이 이룩한 성취에 무임승차함으로써 이익을 챙기는 '김치녀'로 매도되었고, 여성 강간이나 교제 살인 같은 폭력이 급증했다.

2부 "죽거나 우울하지 않고 살 수 있겠니"에서는 '가족', '연애', '사회' 키워드를 중심으로 31명의 인터뷰 대상자들의 우울증 경험이 서사화되는데, 그것은 'K-장녀 서사'라고 할 만큼 전형적이어서 우울증이 지극히 개인적인 질병이 아니라 세대와 젠더가 교차되는 집합 감정임을 암시한다. 거칠게 간추리자면, 20-30대 여성들은 대체로 아주 어린 시절부터 우울하다는 감정을 느꼈다. 가족은 결코 따뜻하고 안전한 보호처가 아니라 슬픔과 불안을 안겨주는 장소였다. 국가부도 이후 경제적인 위기로 가족 안정성이 깨지는 한편으로 가장의 남성성 상실을 우려해 일상 속에서 신가부장제가 형성되어온 역사적 흐름을 반영하듯이 이들은 다툼이 많은 가정에서 아버지의 어머니에 대한 폭력을 목격했으며, 매맞는 어머니에게 연민의 마음을 품었지만 엄마에게 애증이 뒤얽힌 복잡한 감정을 느끼며 불안한 유소년기를 보냈다. 여성으로 성장하면서는 자신을 정서적, 신체적으로 지켜줄 수 있는 사람을 간절히 갈망함으로써 연애에 의존했다. 매력과 관능을 여성의 기회이자 권력으로 여겼지만 남자친구와의 관계에서 실제로는 데이트 폭력과 가스라이팅을 당했다. 다른 한편으로 20-30대 여성들은 한국여성사에서 가장 높은 수준의 교육적 혜택을 누리고 남학생 못지않게 성과를 냈지만 노동시장에 진입하며 성차별을 경험했다. 여성을 환대하는 좋은 일자리는 희소했고, 취업에 성공했다고 해도 오래 버틸 곳은 많지 않았다. 젊은 여성들은 일터에서 빈발하는 성희롱에 노출되는 한편으로 자기를 착취하면서까지 능력치를 올려 자신의 쓸모를 증명해야만 했다. 그 결과 번아웃 증후군, 공황장애 등 정신적 질병에 노출되기도 했다.

여성 혐오의 사회에 맞서는 저자의 전략은 우울증을 개인적 사회적 맥락을 가지고 있는 이야기로 보고, 진료실이 아니라 여성들 사이로 감정/정동을 사로잡는 이야기가 흘러넘치게 하는 것이다. 이를 위해 이 책은 우울증을 이야기 공동체 안으로 끌어 들이고자 한다. 이야기, 즉 문학은 트라우마를 치유하는 전통적이고도 공동체적인 수단이기 때문이다. 말하는 존재로서 인간의 고통은 발화되고 타인에게 전달되는 것만으로 경감될 수 있다. 문학은 기존의 틀 안에서 허용되지 않는 것들을 증언하거나 기존의 정치 지형에서 목소리를 부여받지 못한 사람들이 자신의 체험을 말할 수 있도록 해주는 오래된 문화다. 우울한 사람은 자신의 고통을 사회적 맥락 속에서 이해함으로써 트라우마적 사건과 자신을 분리할 수 있게 된다. 이야기는 발화자만이 아니라 청자를 필요로 한다. "당사자에게 진단이란 나의 우울이 병이냐, 병이 아니냐 하는 문제라기보다 누군가 나의 고통을 알아주는가, 알아주지 않는가의 문제다"라는 서술처럼 공감은 누군가를 죽고 살게 만드는 "어쩌면 전부"(78)라고 할만큼 중요한 문제다. 우울증이 신체와 마음에 갇혀 기능부전을 일으키며 급기야 자살로 향하게 만드는 병이라고 한다면 고통은 말이 되어 타인에게 전달되어야 한다. 따라서 섬세하고도 면밀한 해석을 요하는 스토리가 전달되고 공유되어야 한다. 그러나 해소되지 않은 상처와 폭력의 기억을 화자가 그저 말하는 것만으로는 아무 변화도 일어나지 않는다. 화자와 청자는 주종 관계를 형성하는 것이 아니라, 사건이 청자에게 이해되고 받아들여져야 한다. 그렇지 않으면 사건은 공유되지 못하고 실제로 일어나지 않은 일이었던 것처럼 되어 버릴 것이기 때문이다.

저자는 저마다의 우울증 경험을 채집해 각자의 차이를 넘어 20-30대 여성이 상호공유할 수 있는 집합적 삶의 이야기를 만들고자 했다. "살기 위해 마주해야 했던 각자의 배경들이 유사하다면, 그것은 더 큰 공간에서 논의될 필요가 있"(107)기 때문이다. 그렇게 서로를 공통의 존재로 상상할 수 있다면 20-30대 여성들은 더 이상 취약한 각자가 아니라 서로의 생명과 삶을 지키는 공동체가 될 수 있다고 보는 것이다. 따라서 이 책은 개인의 고백이 주가 되는 고백록이나 자서전처럼 단일하고 본질적인 의미의 주체를 만들어내기보다 오히려 자기와 타인의 경계를 무너뜨리고 우리가 각자 다수와 연결되어 있음을 강조하고자 한다. 자기 얘기와 타인의 이야기의 차이를 강조하기보다는 그 경계를 무너뜨려 공통성을 강조하고 있는 것이다. 자율적 자아는 사실상 환상으로 우리의 자아는 다른 사람에 대한 의존이나 영향을 통해서만 형성된다. 더 이상 자유주의적이고 개인주의적인 주체를 형성하는 것으로 삶을 지킬 수 없다는 위기의식은 인터뷰 대상자들의 각각의 이야기가 서술자의 감정/정동을 통과해 공유되는 방식으로 쓰여지는 것으로 나타나고 있다.

4. 자기를 쓴다는 것

소수적 감정의 자기 서사는 확실히 문화적 우세종이 되었다. 에세이는 그간 문인의 부업이나, 연예인 등 유명 인사들의 취미 활동 같은 것이었다. 극히 드문 경우를 제외하고 그런 에세이의 문학적 · 사회적 가치가 높았다고 할 수는 없었다. 유명하다는 이유로 작가가 되는 특권을 누리고, 사생활을 노출함으로써 상업성을 의도한다는 비판을 피해가기 어려웠다. 따라서 그간 문학 제도에서 에세이는 시, 소설 같은 장르와 달리 주변화될 수밖에 없었다. 그러나 지금 여성과 소수자들이 자기 서사 창작에 나서면서 에세이는 비정형의 유연한 형식으로 인해 진화를 거듭하고 새로운 해석과 평가를 기다리고 있다. 일상의 신변잡기를 공유하는 것을 넘어 자신의 삶을 기성체제 속으로 휘발시키지 않고 새롭게 자기를 인식하고 형성하려는 열망이 움틀대고 있기 때문이다. 오늘날 자기서사를 주도하고 있는 것은, 20-30대 젊은 여성들과, 장애나 섹슈얼리티의 측면에서 '소수자성'을 가진 일군의 저자들이다. 고백적 요소가 강한 1인칭 글쓰기를 자기의 고통마저 상품화하려는 '관종'의 전략으로 볼 여지가 없지는 않다. 바야흐로 남과 다른 상처, 질병, 정체성마저도 특별한 것으로 만들어 자기를 브랜드화해야만 살아남을 수 있는 1인 기업가의 시대인 것이다. 그러나 수전 손택은 에세이 작가의 '뻔뻔함'은 정당화될 필요가 있다고 주장한다. 에세이의 성패는 1인칭 시점의 이야기가 어떻게 '사적'인 것을 넘어서 '보편성'을 획득하느냐에 따라 결정된다고 보기 때문이다. 비록 사적인 느낌과 생각을 이야기하지만 에세이스트의 존립기반이야말로 타인과의 관계라는 것이다.[28]

자기의 이야기를 하려는 욕구는 우리 시대에만 나타나는 특수한 현상이 결코 아니다. 그러나 최근의 자기서사 붐은 유례가 없는 것으로, 새로운 진단과 면밀한 분석을 필요로 한다. 자기서사의 유행은 이미 사망선고를 받았거나 구조의 효과로 진단되었던 '자기' 쓰기를 통해 다시 규명하려는 욕구가 새롭게 대두하고 있음을 보여준다.[29] 자기 서사는 이론을 위한 이론을 넘어 자신의 개인적 삶과

28 박진희, 〈에세이 영화의 조건과 경계에 관한 고찰 : 에세이 영화의 정의를 중심으로〉, 중앙대학교 첨단영상대학원 석사학위 논문, 2011, 25-26쪽에서 재인용.

29 정주아는 자기 서사의 부상이라는 문화적 현상을 "일인칭이라는 시점의 선택이 곧 세계를 향한 입장(stance)의 선택으로 보편화되는 사태, '나'를 중심으로 세계가 해석되고 시야가 제한되는 특징을 삶의 태도로 기꺼이 수용하려는 추세"를 보여주는 사건으로 해석한다. 객관성이라는 것은 어차피 존재하지 않는다는 해체주의적 입장이 보편적으로 받아들여지고 있음을 확인하는 것이다. 정주아, 〈일인칭 글쓰기 시대의 소설〉, ≪창작과비평≫ 192호, 2021년 여름호, 56쪽 참조.

이론을 통합시키려는 움직임이자, 신자유주의 하에서 인간실격에 내몰리는 자기를 보살피기 위한 자기배려의 기획으로 나타난다고 볼 수 있다. 이 글에서 살펴본 여성 정병러 자기 서사는 정신병자로 낙인찍힌 이들이 질병을 커밍아웃함으로써 자신의 몸과 마음을 뒤흔드는 불쾌한 감정들을 토로하고 그 근원을 찾아가고자 하는 의욕을 보여준다. 앞서 본 작품들은 우울증을 정상성을 이탈한 증거가 아니라 잔혹한 낙관주의 혹은 성과사회로도 불리는 신자유주의 사회에서 자신을 무겁게 짓누르는 마음의 고통에 대한 고발이자, 가부장제에 길들여지기를 거부하는 여성들의 저항으로 의미화한다. 여성 정병러 자기 서사는 개인을 사로잡는 슬픔, 짜증, 초조, 자기혐오, 공허 등 소수적 감정을 부적절한 상태나 실패의 증거로 간주하는 것이 아니라 사회를 진보시킬 수 있는 날카로운 질문과 고뇌들을 끌어내기 위한 시도가 되고 있다.

참고문헌

- 김성환 외, ≪금지의 작은 역사 : 세상이 나에게 주입한 20가지 불온한 것들의 목록≫, 천년의 상상, 2018.
- 김영옥 외, ≪새벽 세 시의 몸들에게≫, 봄날의 책, 2020.
- 김영옥, ≪흰 머리 휘날리며, 예순 이후 페미니즘≫, 교양인, 2021.
- 박진희, 〈에세이 영화의 조건과 경계에 관한 고찰 : 에세이 영화의 정의를 중심으로〉, 중앙대학교 첨단영상대학원 석사학위 논문, 2011.
- 박혜경, 〈우울증의 '생의학적 의료화' 형성 과정〉, ≪과학기술연구≫ 12(2), 한국과학기술학회, 2012.
- 백세희, ≪죽고는 싶지만 떡볶이는 먹고 싶어(1)≫, 흔, 2018.

  ______, ≪죽고는 싶지만 떡볶이는 먹고 싶어(2)≫, 흔, 2019.
- 레이먼드 윌리엄스, ≪기나긴 혁명≫, 성은애 옮김, 문학동네, 2007.
- 로널드 W. 드워킨, ≪행복의 역습≫, 박한선 · 이수인 옮김, 아로파, 2014.
- 로이 리처드 그린커, ≪정상은 없다≫, 정해영 옮김, 메멘토, 2022.
- 미셸 렌트 허슈, ≪젊고 아픈 여자들≫, 정은주 옮김, 마티, 2021.
- 양보람, 〈한국사회의 우울증 담론에 관한 사회학적 연구-의료화와 정책화를 중심으로〉, 서울대학교 대학원 사회학과 석사학위 논문, 2013.
- 에바 일루즈, ≪감정자본주의≫, 김정아 옮김, 돌베개, 2010.
- 에바 일루즈 · 에드바르 카바나스, ≪해피크라시≫, 이세진 옮김, 청미, 2021.
- 장윤원, 〈20-30대 여성들의 온라인 우울증 말하기와 페미니스트 내러티브〉, ≪한국여성학≫ 37(3), 한국여성학회, 2021.
- 장하원, 〈여성의 고통, 우울증 당사로부터 배운다 : ≪미쳐 있고 괴상하며 오만하고 똑똑한 여자들 : 이해받지 못하는 고통, 여성 우울증≫〉, ≪아시아여성연구≫ 60(3), 숙명여대

아시아여성연구소, 2021.

- 정주아, 〈일인칭 글쓰기 시대의 소설〉, ≪창작과비평≫ 129호, 2021년 여름호.
- 캐시 박 홍, ≪마이너 필링스: 이 감정들은 사소하지 않다≫, 노시내 옮김, 마티, 2021.
- 프리모 레비, ≪구조된 자와 가라앉은 자≫, 이소영 옮김, 돌베개, 2014.
- 하미나, ≪미쳐 있고 괴상하며 오만하고 똑똑한 여자들≫, 동아시아, 2021.

사랑의 취약성과 난잡한 돌봄

6장

임옥희

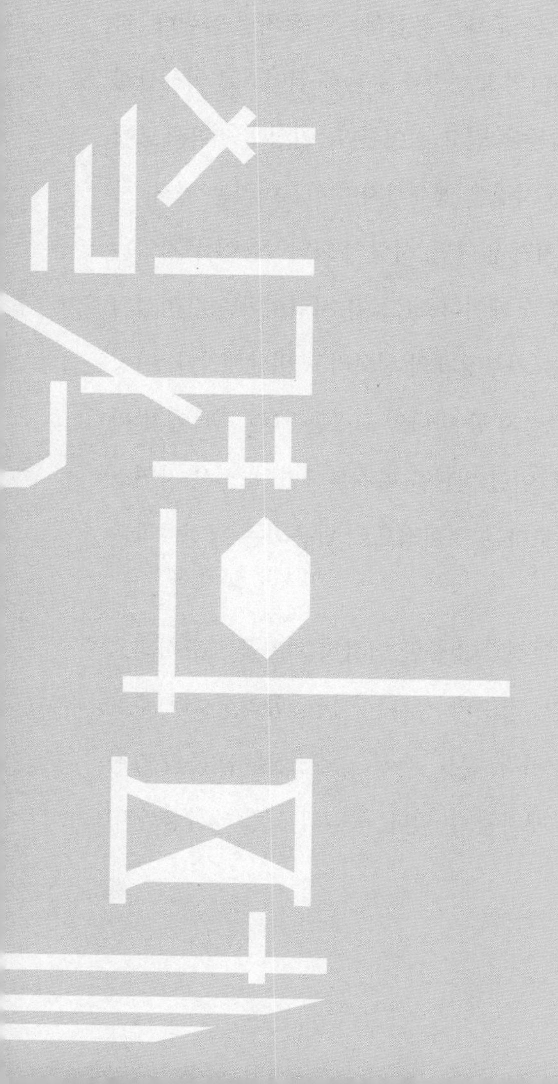

1. 정치적 감정으로서 사랑의 취약성

돈이 신이 되어버린 시대에도 여전히 사랑은 만병통치약으로 기능한다. 인간관계에서 초래되는 온갖 갈등과 고통의 장면에서 '사랑해'라는 한 마디는 모든 문제를 봉합하는 주문처럼 들린다. 적어도 부모의 사랑 혹은 엄마의 모성만큼은 돈을 뛰어넘고 이해관계를 초월하는 것으로 사람들은 믿고 싶어한다. 이성애 결혼제도에서 사랑은 어떤가? 영원한 사랑을 맹세하지만 결혼이라는 법적, 물질적, 제도적 (강제된) 장치가 없다면, 사랑의 화학작용이 유지되는 기간은 얼마나 될까? 과격한 페미니스트들은 사랑이야말로 여성의 자발적인 복종을 유지하는 가부장제의 신화라고 비난해왔다. 여성을 사랑의 노예로 만드는 장치 중 하나인 모성은 그런 맥락에서 비판의 대상이 되기도 했다. 이런 비판을 따져본다면, 모성은 자연스러운 사랑의 발현이라기보다는 정치적으로 활용되는 감정이라는 것이다.

사회는 정치문화적 안정과 소중한 역사적 가치를 보호하려고 '정치적 감정'을 고양한다. 감정의 정치는 이성, 합리성보다 주로 강렬한 감정에 호소한다. 사랑, 분노, 슬픔, 증오, 질투심 등의 감정은 정치적으로 자극되고 배치될 수 있다. 공감과 사랑(애국심까지)

을 함양함으로써 공공의 선으로 나아가는 것이 누스바움이 말하는 '정치적 감정'[1]이다. 정치적 감정은 공공의 선에 이르게 하는 감정이자, 타자를 자신과 동등하고 존엄한 존재로 여김으로써 공존의 가능성을 열어나가는 것이다. 여기서 누스바움은 성숙한 정치적 감정으로 나아갈 수 있도록 사회적인 교육이 필요하다고 주장한다. 하지만 인간의 취약성으로 인해 사랑보다 증오가, 자기보존을 위해 '원초적 혐오'가 앞서는데도 어떻게 공정, 공감, 공존을 추구하는 고양되고 성숙한 정치적 감정으로 나아갈 수 있다는 것일까? 취약한 사랑의 감정이 정치적 연대의 이념적, 물질적 자원이 과연 될 수 있는가?

인간은 취약하기 때문에 타인의 사랑을 필요로 한다. 인간은 생애 중 오랜기간 동안 자율적이기는커녕 자기 스스로를 돌볼 수조차 없을 만큼 지극히 취약한 존재다. 그런 취약성이 여성의 사랑과 모성을 그토록 애타게 부르짖는 이유이기도 하다. 오랜 세월 동안 여성 노동은 마치 공짜로 쓸 수 있는 자연자원처럼 간주되어왔고, 그 중에서도 모성은 사랑의 이름으로 공짜로 쓸 수 있는 천연자연이 되어왔다. 무엇보다 사회적 불안이 증가할수록 모성은 정치화된다. 가부장제는 모성숭배담론에 의존하면서도 동시에 그것

1 마사 누스바움, ≪정치적 감정≫, 김용준 옮김, 글항아리, 2019, 1장 참조.

을 혐오해왔다.

트랜스의 시대라고 일컬어지는 21세기 들어와 트랜스젠더퀴어들은 공정한 정치적 배분과 인정투쟁을 활발히 벌이고 있다. 퀴어 이론가인 리 에델만은 그들에게는 '미래가 없다'고 주장한다. 그 미래가 아이로 상징된다면 말이다.[2] 반면 이성애 결혼제도에서는 아이가 '미래의 약속'이다. 이런 상황이므로 페미니스트들이 모성을 거론하면 좌우를 막론하고 격렬한 반응과 반발이 쏟아져나오게 된다. 모성으로 인해 페미니즘이 공격받는다는 점은 아이러니하다. 사회적 약자가 약자를 돌보도록 만든 정치적 장치가 모성이라는 점에 페미니즘처럼 열정적으로 주목한 이론도 드물기 때문이다. 가족을 가부장의 사유재산으로 만들고, 그런 질서 안에서 아내, 자녀들이 복종하도록 만들어온 것이 가부장제적 자본주의라고 한다면, 그런 사유재산의 해체와 더불어 가족의 코뮌화를 사회주의 페미니즘은 이론화하기도 했다. 그들은 가족의 코뮌화를 통해 가족 안에서 약자가 약자를 돌보는 불공정한 시스템에서 벗어나려고 해왔다. 모성이 여성의 희생을 담보로 하는 것이라고 한다면, 게다가 가부장적 체제를 재생산하는 데 공모하는 것이라고 한다면, 여성들이 그로부터 해방을 추구하는 것은 어쩌면 당연한 것이다. 가족이 만병

2 Lee Edelman, *No Future: Queer Theory and the Death Drive*, Duke University Press, 2004, pp.12–20.

의 근원이라고 비판하기는 쉽지만, 가족이 아니라 개인들로 구성된 코뮌(개별적인 코뮌이라는 말 자체가 형용모순인만큼이나)을 만드는 데 수많은 정치적 제도들이 실패를 반복해왔다. 그러다보니 모성에 관한 다양한 논의들은 수없이 반복되면서 도돌이표처럼 되돌아왔다.

근대 이후 인간의 취약성, 의존성은 감춰지고 인간의 전능성, 자율성, 독립성만이 강조되어왔다. 인간은 자기통제가 힘든 취약한 존재다. 인간은 지상의 척도가 아니라 '자연문화'의 일부일 뿐이다. 인간은 불멸의 존재도, 지구행성의 특권적인 주인도 아니다. 특별한 의미가 있어서 이 지상에 서식하는 존재도 아니다. 지상의 여타 종들과 마찬가지로 인간 또한 애쓰고 살다가 덧없이 사라진다. 이렇게 본다면 인간 취약성의 전도된 발상이 전능성, 자율성, 독립성이라는 환상인 셈이다.

전능성과 자율성에 대한 인간의 환상은 살아가면서 끊임없는 좌절에 부딪히게 된다. 세계와의 관계에서 경험한 상처와 고통으로 인해 개별 주체들은 무/의식적인 증오심을 드러내게 된다. 증오 자체가 대상과의 전도된 사랑의 표현이기도 하기 때문이다. 이런 사랑의 취약성에서 예외적인 존재가 있다면 어머니라는 믿음이다. '여자는 약하지만 어머니는 강하다.' 그것이 모성담론[3]의 핵심이다. 게다가 어머니는 자기 안에 미래를 품을 수 있고, 취약한 존재를 운반하고 육성한다는 점에서 자기영속적인 존재로 간주된다.

모성에 대한 보수적 접근은 그것을 사회적 현상이 아니라 자연적 현상으로 간주한다. 그래서 불변하는 이상적인 사랑의 형태가 '모성'이라고들 한다. 그런 모성은 19세기적인 발명품이다. 19세기는 모성의 발명과 더불어 아동의 발명기였다. 산업자본주의 시대에 이르러 공사영역의 엄격한 분리(성별노동분업)와 더불어 공적 영역의 남성화, 사적 영역의 여성화에 따라 부르주아 가정의 여성은 전업주부가 되었다. 그들에게는 전업주부가 일종의 직장이었다. 전업주부로서 여성은 모성에 바탕하여 아이들을 보살피는 집안의 천사가 되었다. 여성의 재생산능력은 모성으로 미화되면서 여성이 제공하는 무임금 노동은 비가시화되었다. 그런 맥락에서 사회주의 페미니스트들은 여성의 재생산능력, 즉 어머니노릇mothering은 가부장제적 자본주의 사회의 정치경제적 이해관계에 봉사하도록 배치되고 발명된 것이라고 주장해왔다.

모성의 물질적 토대에 주목했던 사회주의 페미니스트들과는 달리, '급진적' 페미니스트들은 성별이분법에 바탕한 모성 '담론'에

3 국어사전에 따르면 모성은 여자가 어머니로서 가지는 정신적, 육체적 '본능'이라고 규정한다.

주력한다. 그들이 가족을 해체하려 했던 이유는 가부장제 아래 모성은 상투적인 젠더이분법에 바탕하고 있다고 보았기 때문이다. 한편으로 희생하는 모성은 눈물흘리는 성모처럼 숭배의 대상으로 이상화된다. 다른 한편으로 메데이아처럼 엄마가 욕망을 가진 여자이기를 원할 때, 모성은 혐오의 대상이 된다. 이런 프레임 속에서 모성은 숭배 혹은 혐오, 축복 혹은 저주가 된다. 과잉모성화와 과소모성화 사이에서 여성은 모성을 중심으로 성녀 아니면 마녀로 양극화된다. 가족, 여성, 모성은 전사회적이고 자연적인 공간이 되고, 그곳에서 갈등과 불화와 폭력은 은폐된다. 그런 양극화된 모성의 겹주름 사이에 여성은 여성 자체로 존재하지 못한다.

모성은 한 사회가 당면한 문제를 외주화하는 정치적 공간이다.[4] 재클린 로즈는 ≪숭배와 혐오≫에서 "모성은 우리의 개인적, 정치적 결함, 다시 말해 세상에서 일어나는 온갖 잘못된 일에 대한 궁극적 책임을 떠맡은 희생양이며, 그 결함과 잘못을 바로잡는 것이 어머니에게 부여된 임무"[5]라고 말한다. 사라 러딕이 지적하듯 전쟁, 가난, 질병, 인종차별, 국가차별은 잘못된 엄마노릇에서 기인하

4 서구 모성신화에 메데이아 신화가 있다면, 삼국유사에는 손순매아(孫順埋兒) 설화가 있다. 메데이아는 자신을 버린 남편 이아손에게 복수하기 위해 영아살해를 했다면, 손순은 어머니에게 효를 위해 밥을 축내는 아이를 매장하려고 했다.

5 재클린 로즈, ≪숭배와 혐오: 모성이라는 신화에 대하여≫, 김영아 옮김, 창비, 2020년, 6쪽.

는 슬픔이 아니다.[6] 전시와 같이 여성의 노동력이 필요할 때면 국가는 낙태법을 통과시킨다. 임신한 여성의 모성보다는 노동력이 더 필요한 시기이기 때문이다. 전쟁이 끝나서 귀환한 남성들에게 줄 일자리가 부족하면 여성의 모성은 강화된다. 끌로드 샤브롤 감독의 영화 〈여자 이야기〉(2003)는 나치독일이 프랑스를 점령했던 시기를 무대로 한다. 마리(이자벨 위페르 분)는 징집된 프랑스 남성들이 전선으로 나간 사이 불륜으로 임신한 여성들의 낙태 시술을 해주고, 매춘부에게 방을 빌려주면서 번 돈으로 가수가 되는 꿈을 실현하고자 한다. 전쟁이 끝나자 모든 것은 바뀐다. 낙태는 불법이 되고 그녀는 윤리적 기강을 바로 잡겠다는 국가에 의해 교수형에 처해진다. 다시금 낙태는 비윤리적 범죄행위가 된다. 일자리가 부족하면 여성의 모성은 강조되고, 여성들은 '다시 가정으로' 돌려보내진다. 여성들은 집안으로 자가격리되고 아이들은 모유를 먹이면서 엄마가 키워야 반듯하게straight 제대로 자랄 수 있다는 '과학적' 이론이 등장한다. 과학이라는 이름으로 모성의 자연화가 가세한다. 사회의 보수화와 더불어 모성은 여성의 생물학적 현상이자 자연적인 현상으로 만들어진다.

이상적인 모성을 여성의 기본적인 디폴트로 상정함으로써 가

6 사라 러딕, 〈엄마들에 대해 말하기〉, ≪분노와 애정≫, 모이라 데이비 엮음, 김하현 옮김, 시대의 창, 2018.

부장제적 사회는 여성의 재생산노동을 무보수로 활용해왔다. 기존의 가부장적 질서를 유지, 수선, 보수하려고 할 때마다 모성이 강조된다. 모성을 여성의 본능, 희생, 사랑으로 이상화하는 것은 여성의 죄의식을 부추긴다. 여성은 완벽한 존재도 이상적인 존재도 아니다. 이상적인 모성은 결혼제도를 중심으로 구성된다. 결혼제도 바깥에서 남자(남편)없이 아이를 키우는 것은 '근본없는' 불량한 미래세대를 만들어낸다는 비난에 직면하게 된다. 이처럼 모성은 가부장적 사회의 편의에 따라 해석되고 동원되어왔다.

방송인 사유리는 마흔이 넘어가면 건강한 임신 출산이 힘들어진다는 것을 알고, 냉동시켰던 자신의 난자와 정자은행에서 정자를 가져와서 체외 인공수정을 한 다음 수정란을 자궁에 착상하는 방식을 통해 아들 젠을 출산했다. 그런 사유리가 KBS2 예능프로인 〈슈퍼맨이 돌아왔다〉에 출연한다고 했을 때, 그녀의 출연을 막아달라는 청와대 청원까지 올라왔다. 제도화된 모성/일탈적 모성의 경계짓기가 노골적으로 모습을 드러낸 사례다.[7] 남성과의 성적 관계 없이 비혼 여성이 혼자 출산하는 행위는 다같은 모성이라고 하더라도 비윤리적이라는 이유로 비난받는다. 하지만 '동정생식'을 한 사유

7 전국민적인 분노를 부추기는 데 아동의 문제만큼 좋은 소재도 없을 것이다. 유아 시절이 없었던 어른은 없으므로 누구든 한 마디 할 수 있는 것이 모성과 관련된 것이고 그런 맥락에서 모성은 한 사회에서 어떤 비난이든 향할 수 있는 것이 된다.

리야말로 세속화된 성모의 모습은 아닐까? 이성애 정상성 이데올로기는 정상성/비정상성, 결혼/비혼, 단정함/난잡함, 윤리/비윤리의 가면 아래 여성에 대한 차별과 폭력을 강화한다.

포스트휴먼 시대, 섹스없이도 테크놀로지에 힘입어 아이의 생산은 얼마든지 가능하다. '근본없는' 아이들의 탄생은 그 근본이란 것이 기실은 정자임을 노골적으로 드러낸다. 인공수정은 마치 요리를 하듯 간단하게 해치울 수 있다. 제프리 유제니디스의 단편 〈베이스터〉[8]에서 마흔이 된 토마시나는 헤어진 과거 애인 세 사람에게 메일을 보내서 정자 기부를 부탁한다. 토마시나는 대학을 졸업하고 취업하여 성공한 커리어 우먼이 되었고 자아실현의 꿈을 이뤘다. 근사한 직업도 있고, 허드슨 강 곁에 있는 멋진 아파트도 있고, 아직 미모도 여전하다. 그런데도 공허하다. 토마시나는 자궁벽이 더 이상 얇아지기 전에 아이만큼은 포기할 수 없다고 생각한다. 토마시나의 플랜A는 연애를 하고 결혼해서 아이를 낳는 것이었지만 20년 동안의 노력은 수포로 돌아간다. 그래서 결국 플랜B를 추진한다. 그것이 전 남친들의 정자를 구해서 인공수정을 하는 것이었다. 여기서 화자인 '나' 월리 마스는 토마시나의 첫 남친이었다. 대학시

8 제프리 유제니디스, 〈베이스터〉, ≪불평꾼들≫, 서창렬 옮김, 현대문학, 2021. 베이스터는 스포이드 형태의 요리 기구인데, 이 단편에서는 인공수정을 위해 남성의 정액을 주사기처럼 뽑아내서 자궁에 주입하는 도구로 사용된다.

절 임신한 토마시나는 부모님과 상의 후 임신중지를 했고 '나'와는 헤어졌다. '나'가 보기에, 토마시나가 자연스러운 방법을 피하고는 돌고 돌아서 결국 '나' 윌리 마스의 정자를 가지고 인공수정을 한다는 것에 허탈한 심정이 된다. '나'는 다른 남친, 스튜 워즈워스의 정액을 쏟아버리고 자신의 정액만을 유아용컵에 남겨두고 나왔다. 10개월 뒤 토마시나는 출산에 성공한다. 아이를 출산하는 데 남자가 필요한 것이 아니라 정자만 있으면 되는 시대가 열렸다. 소위 포스트휴먼 시대 모성에 대한 해석 또한 다양한 차이를 인정해야 하지 않을까 한다. 결혼이 아니라 아이가 필요하다는 것이 여성의 욕망으로서 모성일 수도 있다는 점이 고려의 대상이 되어야 함을 이 단편은 잘 보여주고 있다.

2. 사랑의 취약성으로서 증오

사회적 약자로서 여자와 아이는 '아녀자'라는 오래된 표현에서 보다시피 거의 언제나 한쌍으로 묶여서 거론된다. 하지만 아이 대 여성의 관계에서 누가 초점화자가 되느냐에 따라 대단히 다른 이야기들이 가능해진다. 무엇보다 아이는 자기 목소리를 가지지 못한다는 점에서 최약자의 위치에 서게 된다. 반면 모성은 초자연적이고 이상적이며 사랑의 존재로 '미화'되지만(미화가 아니라 여성혐오의 한 형태), 여성인간 또한 취약한 존재다. 여성 또한 타자와의 관계에서 폭력적이고(영유아 살해) 애증으로 득실거리는 존재일 수 있다. 그런 여성이 어머니가 되는 순간 느닷없이 천사가 될 리는 없다.

여자와 아이는 무력함으로 인해 사회적 약자로 묶인다. 여성과 아이의 관계에서 절대적인 약자는 아이이다. 아이의 절대적 무력함, 취약성으로 인해 보살피는 자로서 여성은 절대적으로 무력한 타자에게 책임을 져야 한다. 그런 맥락에서 아이는 엄마를 볼모로 삼는다. 하지만 볼모로 잡힌 여성은 사랑, 돌봄, 배려뿐만 아니라 살의와 증오를 동시에 느낀다.

멜라니 클라인 이후의 대상관계이론가인 제시카 벤자민은 오이디푸스적인 아버지를 전능한 어머니로 대체해버린 대상관계이론의 한계를 비판한다. 엄마는 단지 아이의 대상이 아니라 '또 다른 주체'이기 때문이다. 벤자민은 아이-엄마의 상호관계성에서 매개 역할을 하는 애증의 인정 투쟁에 주목한다. 앞서 언급했다시피 아이의 전능성의 환상은 폭력을 야기한다. 그것은 자신의 자율성을 확보하기 위해 타인을 굴복시키려는 욕망에서 비롯된다. 아이의 파괴행위에도 죽거나 굴복하여 노예가 되지 않고 살아남을 때 엄마는 타자로서 주체가 된다.[9] 이 과정을 매개하는 것이 애증의 인정투쟁이다. 아이는 타자가 자신의 파괴행위에도 살아남았을 때, 자신이 자율적인 주체임을 알게 된다. 타자가 주체의 폭력에 완전히 파괴되어버리거나 혹은 아이가 파괴행위로서 대상을 완전히 삼키고 자신과 합체해버리면, 역설적이게도 자기주장self-assertion을 하면서 자신을 확인할 수 있는 대상이 사라져버리는 것이 된다. 대상이 없는 아이의 자기주장은 무화된다. 아이는 자신의 증오와 폭력에도 살아남는 자라야만 자신을 사랑해주는 것으로 인정한다. 따라서 사랑은 타자를 인정할 뿐만 아니라 타자에 의해 인정받을 때 의미가 발생한다.

다른 한편 모성을 페미니즘의 윤리로까지 격상하고자 하는 페미니스트 이론가들도 있다. 모성적 사유에 바탕하여 사라 러딕처럼 보살핌의 윤리와 평화의 정치를 말한다. 아이러니하게도 여성의 모성을 윤리화하는 급진적인 페미니스트들과 기독교 보수주의자들은 이런 지점에서 만나게 된다. 어머니의 입장에서 보는 것과 아이의 입장에서 보는 관점이 다를 수 있다. 아이와의 관계에서 엄마가 언제나 자애로운 모성에 지배받는 것은 아니다. 희생과 헌신하는

9 엄마와 아이의 인정투쟁은 견주와 반려견 사이에서도 그대로 적용되는 것처럼 보인다. KBS2 〈개는 훌륭하다〉에서 그다지 훌륭해보이지 않는 반려견들은 견주가 주인의 역할을 하지 못하면 그런 주인을 자신의 노예로 간주하는 것처럼 행동한다.

모성은 스스로의 희생으로 인해 오히려 자식들에게 끊임없는 죄의식을 불러일으킨다는 점에서 박해하는 모성으로 전이되기도 한다. 아니면 자기가 부여한 목숨을 자기 손으로 살해하거나 방치하거나 착취(효라는 명분 등)하기도 한다. 혹은 자식을 저버리고 자신의 욕망에 충실한 여성이 될 수도 있다. 아이와의 관계에서 '모성'은 선악의 윤리로 접근할 수 없다.

아이와 엄마의 상호관계성을 잘 보여준 대상관계이론가가 도널드 위니캇이다. 위니캇은 〈역전이에서의 증오〉[10]에서 분석가가 정신증 환자에게 느끼는 증오를 언급하면서 어머니/아이 사이의 증오를 예로 든다. 그는 파괴된 가정이나 부모가 없는 아이 사례에 관한 자신의 경험을 이야기하면서 분석가가 역전이로서 증오감을 드러내야 한다는 '놀라운' 이야기를 한다.[11] 그런 아이는 무의식적으로 자신의 부모를 찾는 일에 시간을 허비한다. 입양된 아이가 얼마 후 희망을 갖게 될 때, 아이는 자신이 발견한 환경을 시험하기 시작할 것이고 자신의 보호자가 객관적으로 증오할 수 있는 능력이 있다는 증거를 찾아내려고 한다. 그는 자신이 증오받는 상태에 도달

10 도널드 위니캇, 〈역전이에서의 증오〉, ≪소아의학을 거쳐 정신분석학으로≫, 이재훈 옮김, 한국심리치료연구소, 2011, 394-403쪽 참조.

11 위니캇은 2차 대전 중 9세 된 소년이 런던 소년보호소로 보내졌는데, 그 소년을 치료하면서 지옥을 경험했다고 말한다. 그래서 분석가의 역전이로서 증오가 너무 쉬웠다고 토로한다. 실제로 소년을 증오했기 때문이다. 증오의 말들은 그가 이성을 잃고 소년을 때리거나 심지어 죽이고 싶은 충동을 견딜 수 있도록 해주었다는 것이다. 위니캇과의 관계로 인해 소년에게는 그 기간이 소년의 삶에서 안정된 기억으로 남게 되었을 것이라고 말한다.

한 후에야 비로소 자신이 사랑받는다는 것을 믿을 수 있게 된다.

아기와 엄마의 지배와 복종의 인정투쟁에서 사랑, 증오, 배신의 드라마가 펼쳐진다. 엄마는 아기의 지배 의지에 반反하는 행위를 할 수밖에 없고, 아기의 나르시시즘을 완벽하게 충족시킬 수 없다. 엄마는 아이의 폭력성에 좌절하고 아이를 증오한다. 주체의 완벽한 지배가 실패하는 지점, 그래서 서로에게 애증과 배신이 드러나는 틈새야말로 타자가 출현하는 공간이다. 그러므로 언제든지 내 의지에 저항하고, 배신할 가능성을 견디는 것은 쉽지 않다. 나의 지배와 기대에 어긋나는 다른 타자의 등장은 나를 중심으로 하는 이분법적 윤리에서 볼 때 나를 배신하는 행위가 된다. 하지만 서로가 배신을 견디고 버텨내면서 대상을 완벽하게 소멸시키지 않을 때, 상호주체성, 상호자율성이 가능해지는 셈이다.

위니캇은 아이와 엄마의 애증, 구토, 배신[12]의 관계를 잘 보여준다. 아이는 어머니를 증오하고 어머니는 '처음부터' 아기를 증오한다. 일방적 사랑은 상대를 삼키거나 삼켜짐으로써 상대를 무화시키는 것이다. 엄마는 아이의 증오를 삼키는 것이 아니라 토해내야 한다. 그래야 아이는 주체가 될 수 있다. 그렇다면 엄마는 왜 '처음부터' 자기 아이를 증오하는가? 그 이유를 위니캇은 열여덟 가지로

12 도널드 위니캇이 〈역전이에서의 증오〉에서 구토와 배신을 직접적으로 언급한 적은 없으며, 이것은 필자의 표현이다.

제시한다.

무엇보다 아기는 어머니 자신의 관념이 아니라 구체적인 존재다. 아기는 인형놀이의 인형이 아니다. 아기는 반려견도 반려묘도 아니다. 인간종인 아기는 SNS상에 올리는 이쁜 모습으로만 존재하지 않는다. 아기는 어느 날 짠하고 나타나는 '마법적'인 존재가 아니다. 무엇보다 아기는 임신 출산시 엄마의 신체에 위협적인 낯선 존재다. 아이는 엄마의 몸에 기생하는 이질적 타자이자 기생충이다. 유산, 산전, 산후 우울증 등은 엄마의 증오가 드러나는 한 방식일 수 있다. 아기는 어머니의 개인적인 삶을 방해하고 다른 일에 몰두하는 것을 어렵게 만든다. 아기는 수유시 젖꼭지를 씹는 공격적인 행위로 어머니의 가슴을 상하게 한다. 아기는 주기적으로 어머니를 깨물고 상처입히는데 이 모든 증오는 사랑의 행위다. 아기는 무자비하고 어머니를 쓰레기 혹은 무보수 하인 또는 노예로 취급한다. 아기는 어머니에게 실망하는 모습을 보인다. 아기의 흥분된 사랑은 탐욕에서 나온 사랑이므로 자신이 원하는 것을 얻고 나면 엄마를 오렌지 껍질처럼 던져버린다. 아기는 어머니가 주는 좋은 음식을 의심하고 거절함으로써 어머니의 자신감을 무너뜨린다. 하지만 남이 주는 것은 넙죽넙죽 잘 받아먹는다. 아침나절 내내 진저리치도록 애를 먹였던 아기를 데리고 외출하면, '아기가 정말 예뻐요'

라고 말해주는 낯선 사람에게 아기는 천사처럼 미소짓는다. 어머니는 아기를 안고 있는 동안 불안해하면 안 된다. 아이에게 엄마의 불안이 감염되기 때문이다. 처음에 아기는 엄마가 무엇을 하는지 또는 자신을 위해 무엇을 희생하는지 알지 못한다. 특히 아기는 엄마의 증오를 허용할 수 없다. 엄마는 초기 단계의 아이의 삶을 돌보는데 실패하면 영원히 그 빚을 갚아야 한다. 아이는 엄마를 성적으로 흥분시키기도 하지만 좌절시키기도 한다. 어머니는 아기에게서 성적 만족을 추구해서는 안 된다.

도널드 위니캇은 분석가가 역전이 현상으로서 드러내는 증오를 엄마와 아이의 관계로 비유하여 이렇게 분석하고 있다. 여기서 관심을 끄는 부분은 엄마는 젖을 먹고 있는 아이에게서 성적 만족을 얻어서는 안 된다는 점이다. 누구의 어떤 입이냐에 따라서 여성의 섹슈얼리티는 엄격히 규제된다. 아이가 엄마와의 관계에서 섹슈얼리티를 형성할 뿐만 아니라 엄마 또한 섹슈얼리티가 있음에도 불구하고 아이와의 관계에서는 없는 것처럼 감춰야 한다. 이 모든 것들이 엄마로서는 아이에게 증오심을 드러내지 않을 수 없는 요소들이 된다고 위니캇은 분석한다.

그런 엄마의 증오심은 폭력성으로 연결될 수 있다. 아드리아나 카바레로는 호러리즘horrorism이란 개념으로 여성폭력의 회색지대를 연구했다. 임신한 여성이 온몸에 폭탄을 감고 자살폭탄테러에 가담하는 것을 어떻게 받아들여야 하는가? 그녀는 보살핌의 윤리에 바탕한 모성적 주체가 자기 몸을 생명의 선물이 아니라 죽음의 도구로 사용하여 정의롭지 못한 세계를 응징하려는 테러에 대해 분석[13]한 바 있다.

위니캇에 의하면 어머니의 놀라운 능력은 아기로 인해 그토록 상처입으면서도 아이에게 대가를 요구하지 않으면서 아기를 증오할 수 있다는 점이다. 또한 양육에 따른 보상을 아이로부터 받을 수도 있고 혹은 받지 못할 수도 있겠지만, 엄마에게는 보상을 기다릴 수 있는 능력이 있다는 것이다. 아마도 그녀는 자신이 아기에게 불러주는 자장가에서 위안을 얻을 것이다. 아기는 노래를 즐기지만 다행스럽게도 그 의미를 이해하지는 못한다.

> 잘 자라 우리 아가, 나무꼭대기에서
> 바람이 불고 요람이 흔들릴 때
> 나뭇가지가 부러지고 요람이 떨어질 때
> 아기도 요람도 모두 떨어지고 말거야.[14]

13 Adriana Cavarero, "Suicidal Horrorism", *Horrorism: Naming Comtemporary Violence*, trans by William Mc-Cuaig, Columbia University Press, New York, 2007, pp.89-96.

14 도널드 위니캇, 앞의 책, 403쪽.

3. 페미니스트 페다고지로서 재생산의 정치

페미니스트들의 이론은 축적되는 속도보다 잊혀지는 속도가 더 빠르다고들 한다. 모성과 관련하여 재생산양식으로 분석하고자 했던 사회주의 페미니스트들의 이론은 속절없이 잊혀져버렸다. 오랫동안 잊혀졌던 사회주의 페미니즘은 가내생산양식을 활용하여, 모성을 재생산노동으로 분석했다. 가부장제가 주장하는 모성은 무임금 재생산노동의 문제를 덮는 탁월한 전략이다. 실비아 페데리치는 '혁명의 영점zero'으로서 재생산을 새롭게 분석한다.[15] 모성을 재생산노동에 포함시켜 임금화하면 여성이 사적영역으로 유폐되는 것이 아니라 혁명적 주체가 될 수 있는 탁월한 정치적 장이 열린다는 점에 페데리치는 주목한다. 페데리치는 재생산노동의 임금투쟁은 혁명적 관점이며 심지어 여성주의 관점에서 제출된 유일한 혁명적 관점이라고까지 주장한다. 이때 재생산은 임신, 출산, 양육, 돌봄, 간호, 모성, 가사노동을 포함한다. 기존 가부장제에서 가사노동은 사회적 노동이 아니라 여성의 자연적인 속성에서 비롯된 것이라고 주장해왔다. 그런 체제에서 여성의 돌봄, 양육, 배려, 미소와 같은 것들은 여성들의 천성이므로 사회적인 것이 아니라 자연적인 것

15 실비아 페데리치, ≪혁명의 영점≫, 황성원 옮김, 갈무리, 2013 참조.

으로 간주된다. 가족은 사회 이전 단계가 되고 집안에서 하는 '여성의 일=여성성의 발현'으로 배치된다. 모성의 무임금성은 사랑의 이름으로 지워진다. 가사노동의 자연화(여성화)를 종식시키고, 집안일을 노동(감정노동, 돌봄노동, 성노동 등)으로 인정해달라는 투쟁이 재생산의 정치경제적 투쟁이었다. 재생산노동의 임금투쟁은 여성에게 '가사노동+임금노동'의 이교대로 더 많은 노동을 할 권리를 요구하는 것이 아니라 이미 하고 있는 일에 임금을 지불하라는 투쟁이다. 가사노동의 무임금화를 통해 기업과 국가는 가부장제의 배당금을 챙기는 진정한 남성Man이기 때문이다.

21세기적 상황에서 재생산노동의 임금투쟁은 낡고 보수적인 것으로 비칠 수 있다. 돈 몇 푼 더 받아서 결혼생활 유지하려는 전략으로 비춰지기 때문이다. 재생산노동의 임금화라고 해봤자, 그것 자체가 가부장제의 유지에 공모하는 것이 된다. 재생산 없는 퀴어들은 임신, 출산, 양육의 부담으로부터 상대적으로 자유롭다. 입양을 한다고 하더라도 이성애 결혼제도의 정상성으로부터 벗어난 것이다. 퀴어들은 이성애의 고물창고인 가내 재생산노동으로 진입하기를 거부한다. 트랜스젠더/퀴어의 경우 임신, 출산을 경험함으로써 모성이 만들어진다는 이데올로기 자체를 거부한다. 결혼제도와 같은 사회관계는 바꾸지 않고 단지 어머니노릇에 대한 보수화를 통해 가부장제에 부역하면서 안정된 삶을 누리는 것, 그것은 페미니즘 스스로가 페미니즘을 배신하는 전략에 불과하다고 그들은 비판한다. 이상화된 모성을 무임금 재생산노동의 측면으로 보게 되면, 모성은 결혼제도로 묶인 '핵가족 이성애 정상성'을 지탱하기 위한 지주역할을 하고 있음을 알게 된다. 미국에서 1980년대 아이 딸린 싱글맘은 복지충으로 간주되었다. 여성의 재생산노동으로부터 국가는 광범한 이득을 챙긴다. 그럼에도 국가는 공공보조를 요구하는 싱글맘을 복지에 기생하는 기생충으로 취급한다.

아프리카계 미국인 생활보호대상자 싱글맘들은 시혜적인 복지의 대상이 아니라 여성의 집안일이 무임금노동임을 인지하게 만든 당사자들이었다. 백인 가족의 아이들을 보살피면서 그들은 그에 대한 대가를 지불받는다. 엄마가 자기 집에서 자기 아이를 돌보는 것은 사랑의 행위이므로 경제적 보상이 없다. 타인의 아이를 돌볼 때라야만 돌봄은 노동으로 인정받는다. 자기 아이를 키우면서 정부의 지원을 바라면 그것은 복지의 요구가 되고 그들은 맘충, 복지충이 된다. 아프리카계 미국인 싱글맘들에게 자기 아이들을 위탁부모foster parents에게 맡기고 일하러 나가라고 내모는 정책은 부당하고 부조리한 프로그램이었다. 이런 프로그램에 맞서, 재생산노동을 정부 의제로 만든 것은 이들 '복지충' '맘충'들이었다. 이처럼 남의 아이를 돌보는 것은 임금이 지불되지만 자기 아이를 돌보는 것은 무급이다. 그래서 아프리카계 미국인 싱글맘들은 아이를 서로 맞바꿔 돌보자고 주장하기에 이르렀다. 말하자면 여자들은 시장의 일자리와 재생산노동을 교환하자고 제안했던 것이다.

이혼하고 싱글맘으로 아이들을 돌보기 위해서라도 직장을 다녀야 하고 보다 나은 교육환경을 마련하기 위해서라도 정규직이 되어야 하는 여성의 숨막히는 일상을 영화 〈풀타임〉(2002)은 마치 한 편의 스릴러물처럼 보여준다. 싱글맘들의 일상 자체가 경제적 공포 자체이기도 하다. 그들은 혼신의 힘을 다하지만 언제나 아이들을 보살필 시간은 부족하다. 교외에서 파리까지 장거리 출퇴근을 해야 하는 쥘리의 하루하루는 출퇴근 전쟁에다 양육전쟁과 다를 바 없다. 쥘리는 새벽같이 일어나서 아직 동이 트기도 전에 두 아이를 이웃집 할머니에게 맡기고 출근한다. 파리시내에서 교통 파업투쟁이 진행되고 교외로 나갈 수 있는 교통편이 막힌 쥘리는 약속한 시간까지 아이들을 데리러 가지 못한다. 양육비를 보내기로 한 전남편은 감감무소식이다. 결국 여러 번 늦은 시간까지 아이들을 데리러 가지 못하자 할머니는 자기 딸이 관청에 신고할지 모른다는 말을 전한다. 아이들을 방치하고 제대로 돌보지 못한 것으로 드러나면 위탁부모들에게 아이들을 맡기는 제도 자체가 쥘리의 발목을 잡을 수도 있다. 정규직 일자리도, 남편의 양육비도 제대로 지불되지 않는 상태에서 아이들을 '제대로' 보살펴야 하는 싱글맘의 일상 자체는 투쟁의 연속이다.

냰시 프레이저는 아프리카계 미국인 싱글맘들의 복지투쟁을 보면서 3가지 모델, 보편적 생계부양자 모델universal breadwinner, 동등한 돌봄제공자 모델Caretaker Parity, 보편적 돌봄 모델Universal Caretaker을 분석하고, 대안으로 보편적 돌봄 모델을 제시한 바 있다.[16] 유럽 페미니스트들은 주로 동등한 돌봄제공자 모델을 강조했다. 보편적 생계부양자 모델이 일자리 '평등'을 통해 젠더정의를 실현하고자 한다면, 동등한 돌봄제공자 모델은 여성의 '차이' 자체를 존중하는 모델이다. 이 모델은 여성의 돌봄, 임신출산, 양육, 집안살림 등과 같은 무임금 가사노동을 남성의 생계노동과 동등한 것으로 간주하고자 한다. 이 모델의 목표는 여성의 삶을 남성의 삶과 동일한 방식으로 만들려는 것이 아니라 고비용을 들이지 않고 성별 차이와 다름을 인정하는 것이다. 그로 인해 돌봄노동을 생계부양노동과 동등한 것으로 자리잡게 함으로써, 여성의 보살핌 노동 또한 존중받게 하자는 것이다.

제3의 모델인 보편적 돌봄제공자 모델은 기존의 질문을 바꿔

16 낸시 프레이저, ≪전진하는 페미니즘≫, 임옥희 옮김, 돌베개, 2017 참조.

낸다. 보편적 생계부양자 모델이 '여성은 왜 남성시민(노동자)과 같이 될 수 없는가?'라고 물었다면, 보편적 돌봄제공자 모델은 '왜 남성은 여성시민과 같이 돌봄제공자(양육자)가 되지 못하는가'라고 질문을 바꾼다. 그것은 사회의 기본가를 노동이 아니라 돌봄으로 설정하자는 것이다. 이런 의제설정은 생산노동중심의 정치경제 시스템의 전면적인 전환에 주목하도록 만든다. 낸시 프레이저는 보편적 생계 부양자모델에서 벗어나 보편적 돌봄제공자 모델로의 전환을 주장한다. 생계부양자모델은 여성을 남성과 평등하도록 하는 것이지만 보편적 돌봄제공자 모델은 여성적인 것이 사회의 기본가가 되도록 하는 것이다. 여성을 워킹맘으로 만들 경우, 보편적 생계부양자임과 동시에 돌봄노동이라는 '이교대'로부터 벗어나지 못한다. 보편적 생계부양자 모델이 남성임금노동의 부양자성에 최우선 가치를 부여한 것이라면, 보편적 돌봄제공자 모델은 돌봄노동을 최우선 가치로 설정하는 것이다. 보편적 돌봄에 바탕한 복지국가는 생계부양과 돌봄노동 사이의 성별대립을 해체함으로써 젠더 정의를 효과적으로 실행할 수 있다. 보편적 돌봄노동을 최우선시하려면 사회생태계의 변화가 필수적이다. 후기산업시대 복지국가모델은 바로 제3 대안을 모델로 할 때 새로운 젠더정의의 아키텍처가 구성될 것이라고 낸시 프레이저는 기대한다. 그것은 경제적 생산성이 아니라 돌봄의 가치를 기본값으로 패러다임의 전환을 요청하는 것이다. 그것이 페미니즘이 요청하는 익숙하지만 '새로운' 페다고지다.

4. 타자의 환대로서 '난잡한' 돌봄

그날 엄마는 모처럼 외출에 나선다. 딸에게 사귀는 남자를 좀 보여달라고 졸라서 그들이 데이트하는 식당의 구석 자리에 앉아서 두 사람을 지켜보면서 흐뭇해한다. 그러다가 주접이 발동하여 두 사람에게 다가가 음식값을 지불했으니 더 시켜먹으라고 한다. 그리고 집으로 돌아오면서 시장에 들러서 장을 본다. 가게 주인이 잃어버린 개는 찾았냐고 묻는다. 엄마는 뭔 소리냐, 우리는 개를 키우지 않는다고 답한다. 그러자, 댁네 딸 미정이가 울면서 시장통을 지나가길래 물었더니 개를 잃어버렸다고 하더라고 채소가게 아주머니가 말해준다. 엄마는 한참 아득한 표정을 짓는다. 누추하고 오래된 시장통 골목길을 걸어가는 엄마의 뒷모습이 롱테이크로 잡힌다. 엄마의 어깨가 들썩인다. 우는 것에도 용기가 필요한 염미정이 개새끼가 사라졌다고 울면서 시장통을 지나갔다고? 염미정이 잃어버린 개새끼는 그녀를 추앙했던 구씨였다. 구씨는 어느 날 말없이 염미정을 떠났다. 엄마는 딸이 흘린 눈물의 의미를 알게 된다. 어깨가

들썩이는 엄마의 뒷모습이 너무 쓸쓸하다.[17]

〈나의 해방일지〉에서 엄마의 자리는 부엌 가스레인지 위에 놓여 있는 압력밥솥 앞이다. 미래의 사위가 될 인물을 살펴보려고 외출하고 돌아온 그날, 엄마는 밥을 안쳐놓고 넋나간 사람마냥 망연히 앉아 있다. 엄마는 밥뜸이 들 때까지 잠시 웅크리고 눕는다. 그 순간 엄마는 밥솥에서 영원히 해방된다.

엄마의 터무니없고 갑작스러운 죽음으로 모든 가족들은 자신들이 무엇을 상실했는지 뒤늦게 깨닫는다. 엄마의 보살핌 노동은 투명하고 당연해서 보이지 않는다. 엄마가 사라지자 비로소 엄마의 돌봄이 어떤 것이었는지가 보이게 된다. 이 드라마에서 엄마는 이름이 없다. 남편, 세 자녀들, 자녀들의 동네 친구들은 전부 이름을 갖고 있고 이름으로 불린다. 이 시골 동네로 떠밀려온 수상쩍은 구씨마저 성은 가지고 있다. 엄마는 죽음으로 비로소 자기 이름을 갖는다. 엄마의 이름 곽혜숙이 유골함에 적혀 있다. 화장터에서 나온 그녀의 인공관절은 온가족의 무게를 견뎌낸 흔적이었다. 첫째 딸 염기정은 엄마가 떠난 후 세탁기를 돌리고 김치냉장고에서 김치통을 들어 올리고 세탁물을 널어 말리고 식탁을 차리면서 마침내 엄마가 과로사했구나를 깨닫고 통곡한다. 삼십대 중반이었으면

17 2022년 JTBC에서 방영된 드라마 〈나의 해방일지〉 내용 참조.

서도 수도권에서 서울에 있는 직장까지 통근해야 한다는 이유만으로 집안일이라고는 손가락 까딱하지 않았던 자신의 모습과 마주치게 된다.

남편 염제호 씨는 낮에도 짙은 어둠이 깔린 적막강산이 된 집안에서 비로소 깨닫는다. 자기가 가족을 건사했다고 믿었지만 사실은 아내와 자녀들이 그를 건사했다고. 염제호와 세 자녀들은 전부 일자리를 갖고 있다. 남편 염제호는 자영업 싱크대 공장을 경영하면서 습관적으로 농사를 짓는다. 세 자녀들은 임금(정규직, 비정규직이든 상관없이)을 받는 직장을 가지고 있다. 그들은 스스로 자기생계부양자로서 역할을 하고 있으므로 일자리가 없는 엄마에게 모든 돌봄 노동을 전가했다. 그것이 엄마의 자리이므로. 그 엄마가 사라진 자리, 엄마의 부재에서 그들의 삶이 엄마에게 얼마나 기생했던가를 깨닫게 된다. 보편적 생계부양이 아니라 보편적 돌봄이 이들의 삶에 이미 언제나 기본가였다. 하지만 돌봄노동은 무한한 가치가 있어서 무가치한 노동이 되어버린다. 그리고 그런 엄마는 가부장제의 부역자가 된다. 엄마 스스로 자초한 것이므로. 이 드라마는 돌봄노동에 대한 복잡한 이론을 제시하고 있는 페미니즘이 어떤 돌봄 이야기의 공유화폐를 가져야 할 것인지를 절실하게 보여주고 있다.

로즈마리 통의 ≪페미니즘 사상≫의 개정판인 ≪페미니즘: 교차하는 관점들≫(2019)[18]은 하이픈-페미니즘의 입문서다. 개정판에서는 자유주의/마르크스주의/사회주의/정신분석학/실존주의 페미니즘과 같은 고전적인 범주 이외에 돌봄중심 페미니즘을 별도의 장으로 할당하고 있다. 페미니즘의 기본가는 어떤 형태로든 돌봄이었다. 그런데 '돌봄중심 페미니즘'이라는 장을 개정판 ≪페미니즘: 교차하는 관점들≫에서 덧붙였다는 점은 자못 흥미롭다. 특히 코로나 이후 더 케어 컬렉티브의 ≪돌봄 선언*The Care Manifesto*≫이 보여주다시피, '난잡한' 돌봄의 문제는 페미니즘 진영 안에서도 복잡한 지형으로 재이론화되고 있다.

페미니즘은 돌봄, 모성의 문제와 관련하여 출발에서부터 딜레마적인 상황에 처했다. 특히 돌봄이 사회적 약자인 여성들의 헌신에 주로 맡겨졌으므로, 약자로서 여성들은 무보수 돌봄노동에서 해방을 원했다. 다른 한편으로 여성의 돌봄노동에서 여성적 윤리를 찾으려는 경향도 있었다. 이처럼 이해가 충돌하는 돌봄노동은 한편으로는 성스러운 것으로 칭송되면서 다른 한편으로는 지긋지긋한 노동으로 치부되었다. 영어의 'care'는 보살핌, 관심, 걱정, 슬픔, 애

18 *Feminist Thought: A Comprehensive Introduction*(Rosemarie Putnam Tong, Westview Press, 1989)의 개정판이 *Feminist Thought: A more Comprehensive Introduction*(Rosemarie Putnam Tong & Tina Fernandes Botts, Routledge, 2017)이다. 이들은 각각 ≪페미니즘 사상≫(한신문화사, 2000)과 ≪페미니즘: 교차하는 관점들≫(학이시습, 2019)로 번역되었다.

통, 곤경을 의미하는 고대 영어 'caru'에서 왔다. 이 단어의 상반된 의미는 취약한 생명체의 요구와 대면하는 것은 어렵고 힘들다는 현실을 담고 있다.[19]

인간으로서 역겹고 혐오스러운 일이 타인의 배설물을 받고 치워주는 것이다. 그런 비천한 일은 그런 일에 걸맞는 사람들, 노예, 하인, 여자들의 노역이자 열등한 인간이 하는 일로 치부되었다. 비천한 육체를 다루는 사람을 비천하게 여기면서도 여성의 모성은 성스러운 것이라는 이 양가성이 누구의 이해관계에 복무하는가 라는 문제는 페미니스트들에게 수많은 재생산 논쟁과 투쟁을 야기했다. 이런 딜레마에서 벗어나는 한 방식으로 여성의 임신 출산, 돌봄을 아예 외주화하는 것을 상상하거나 아니면 한 사회의 기본가는 임노동 경제가 아니라 보편적 돌봄이 되어야 한다는 입장이 출현했다. 페미니스트 경제학자인 낸시 폴브레가 말하듯 '보이지 않는 손'이 아닌 '보이지 않는 가슴'[20]을 생각해야 한다. 즉 우리는 돌봄과 연민의 힘이 시장화된 개인의 이기심보다 항상 앞서야 한다는 것을 인정하도록 해야 한다. 보편적 돌봄모델은 이러한 경제적 모순의 해소를 향한 중요한 단계다.

19 더 케어 콜렉티브, ≪돌봄선언≫, 정소영 옮김, 니케북스, 2021, 57쪽.

20 낸시 폴브레, ≪보이지 않는 가슴 – 돌봄 경제학≫, 윤자영 옮김, 또하나의문화, 2007 참조.

난잡한 돌봄은 예술사학자이자 동성애자였고 1980-90년대 액트업 에이즈인권활동가였던 더글러스 크림프의 개념이다. 그는 에이즈라는 의미화의 에피데믹에 맞서 투쟁했다. 크림프의 〈에피데믹 중에 난잡할 수 있는 방법How to Have Promiscuity in an Epidemic〉은 에이즈가 게이들의 성적 문란과 난잡함에서 기인했다는 비난에 대한 답이다. HIV 감염의 가장 흔한 원인인 삽입성교에서 벗어나 '실험적'인 성행위에서 비롯되었다는 비난에 대한 응전으로서, '우리의 난잡함이 우리를 파멸로 이끌 것이라고 주장하지만 사실은 우리의 난잡함이 우리를 구할 것'[21]이라고 크림프는 주장한다. 크림프는 난잡함을 서로의 안위를 배려하고 건강을 지키면서 친밀감을 나누는 다양한 실험적 관계맺음으로 정의했다.[22] 난잡한 돌봄이란 가장 가까운 관계부터 가장 먼 관계에 이르기까지 돌봄의 관계를 재정립하며 증식해가는 윤리다.

난잡한 돌봄은 돌봄과 모성이라는 재생산 미래주의의 약속을 이행하는 대신, 타종과의 상호의존과 공생을 의미하는 것이다. 난잡한 돌봄은 보편적 경제주체가 아니라 보편적 돌봄주체를 사회의 기본가로 하는 것이다. 돌보는 공동체는 신자유주의가 만들어낸 돌

21 Douglas Crimp, "How to Have Promiscuity in an Epidemic", *October*, 43, 1987, p.235.

22 더 케어 콜렉티브, 앞의 책, 195쪽에서 재인용.

봄의 공백을 채우기 위해 자투리 시간을 활용하거나 돌봄을 시장으로 외주화한다는 의미가 아니다. 사람들의 돌봄 역량을 확장하기 위해 신자유주의가 아니라 퀴어/생태/사회주의 페미니즘으로 난잡한 패러다임의 전환을 뜻하는 것이다. 난잡한 친족은 혈연, 가족에 국한된 것이 아니라 생존을 위해 상호의존하는 말, 살, 흙, 물, 바람, 동물, 식물 등 지상의, 지구행성의 모든 존재들과의 관계맺기로 확장된 것이다.

해러웨이는 지구행성의 생존을 위해 생물학적 혈통주의, 친족주의에 바탕한 아이 생산을 그만할 것과 기괴한 친족만들기를 주장한다.[23] 인간종의 생산은 그만하고, 지상에 존재하는 타종들과의 혼종 가족을 만들자고 제안한다. 더 이상 인간중심주의는 안 된다는 점에서 그녀의 이론은 휴머니즘humanism이 아니라 거름주의humusism로 진화하고 있다. 휴매너티의 어원인 humus에는 거름이라는 뜻이 있다. 해러웨이에게 '두터운 지금thick now'의 시간을 산다는 것은 단지 현재 시간이 아니라 층층이 쌓인 지층에 축적된 존재, 비존재들, 기계들, 비인간동물, 사이보그, 뱀파이어들, 다시 말해 반려종과 더불어 함께 하는 것이다. 사멸하는 종들과 혼종으로서 살아남는 것

23 Donna J. Haraway, *Staying with the Trouble: Making Kin in the Chthulucene*, Duke University Press, 2016, pp.134-68.

이 아기 생산보다 훨씬 더 중요하다고 그녀는 주장한다. 그러므로 두터운 지금은 인간/기계, 유기체/무기물, 젠더들/사이, 민중들/사이, 생명체들 사이, 산 것/죽은 것들 '사이'의 목소리들이 발명되는 시공간이다.

난잡한 친족들의 난잡한 돌봄이란 혈연가족만의 돌봄노동을 의미하는 것이 아니라 난잡한 방식으로 합체, 혼성되면서 상호의존하는 세계에 대한 비유이다. 그것은 복잡성의 시대, 돌봄의 개념을 확대하여 퀴어한 친족들과 관계맺기를 뜻한다. 해러웨이의 카밀 우화에서 카밀은 인류와 지구행성의 멸종을 막기 위해 타종의 DNA를 자기 몸에 마크한다. 타종을 운반하는 것 자체가 멸종한 종에 대한 애도이면서 난잡한 돌봄의 윤리가 된다.[24] 비인간 생물다양체들과 관계맺기 놀이의 무대에서 행위자로서 지구행성과 더불어 존재들의 안무에 동참하는 것, 트러블에 처한 지구행성의 반격reaction에 서로 갈등하면서 협상하고 살아내야 하는 것이 인간종에게 절박하게 요청되고 있는 책무다.

인간종들은 이미 자기 종의 복제보다는 타종과 더불어 사는 것을 선택하고 있다. 필자는 상계동 한 곳에서 40년 넘게 살고 있다. 소형 주공 아파트가 밀집한 상계동은 2000년 초반까지만 해도 놀이터

24 도나 해러웨이, ≪트러블과 함께하기: 자식이 아니라 친척을 만들자≫, 최유미 옮김, 마농지, 2021, 187–197쪽.

에는 아이들이 뛰노는 소리로 왁자지껄했다. 2015년 무렵부터였던 것같다. 그때부터 인간종의 아이들이 뛰노는 소리는 거의 들리지 않게 되고, 그 자리를 반려견들이 대신하기 시작했다. 반려견과 산책하는 사람들은 일상적인 풍경이 되었다. 인간종을 밀어내고 인간의 둥지로 밀고 들어온 뻐꾸기 알들이 소위 반려종들이다. 반려종과 더불어 사는 인구가 1천5백만에 이른다. 인간종의 생물학적 재생산 대신 반려동물, 반려식물 등 타종들과 공생을 모색하는 시대다. 생물학적 혈연가족의 구조변동의 시대, '기괴한 친족'은 난잡한 돌봄을 요청한다.

참고문헌

- 낸시 폴브레, ≪보이지 않는 가슴≫, 윤자영 옮김, 또하나의문화, 2007.
- 낸시 프레이저, ≪전진하는 페미니즘≫, 임옥희 옮김, 돌베개, 2017.
- 도나 해러웨이, ≪트러블과 함께하기: 자식이 아니라 친척을 만들자≫, 최유미 옮김, 마농지, 2021.
- 더 케어 콜렉티브, ≪돌봄선언: 상호의존의 정치학≫, 정소영 옮김, 니케북스, 2021.
- 도널드 위니캇, 〈역전이에서의 증오〉, ≪소아의학을 거쳐 정신분석학으로≫, 이재훈 옮김, 한국심리치료연구소, 2011.
- 로즈마리 통, ≪페미니즘: 교차하는 관점들≫, 김동진 옮김, 학이시습, 2019.
- 마리아로사 달라 코스따, ≪집안의 노동자: 뉴딜이 기획한 가족과 여성≫, 김현지 · 이영주 옮김, 갈무리, 2017.
- 마사 누스바움, ≪정치적 감정≫,김용준 옮김, 글항아리, 2019.
- 사라 러딕, 〈엄마들에 대해 말하기〉, ≪분노와 애정≫, 모이라 데이비 엮음, 김하현 옮김, 시대의 창, 2018.
- 실비아 페데리치, ≪혁명의 영점≫, 황성원 옮김, 갈무리, 2013.
- 재클린 로즈, ≪숭배와 혐오: 모성이라는 신화에 대하여≫, 김영아 옮김, 창비, 2020.
- 조애나 러스, ≪SF는 어떻게 여자들의 놀이터가 되었나≫, 나현영 옮김, 포도밭, 2020.
- 한병철, ≪피로사회≫, 김태환 옮김, 문학과지성사, 2012.
- Adriana Cavarero, "Suicidal Horrorism", *Horrorism: Naming Comtenporary Violence*, trans by William McCuaig, Columbia University Press, New York, 2007.
- Donna J. Haraway, *Staying with the Trouble: Maing Kin in the Chthulucene*, Duke University

Press, 2016.

- Douglas Crimp, "How to Have Promiscuity in an Epidemic", *October,* 43, 1987.
- Lee Edelman, *No Future: Queer Theory and the Death Drive*, Duke University Press, 2004.